AUSWEG
Ein neues Gesellschaftsmodell

Mehmet Kılıç

Ich möchte alldenjenigen, die mich bei der Vorbereitung dieses Buches unterstützt haben, herzlich danken.

Insbesondere möchte ich mich bei meiner lieben Freundin Beate Braun und meiner liebe Tochter Gülbin Kılıç für ihre wertvolle Korrekturhilfe meiner Übersetzung aus dem Türkischen bedanken. Mein ganz besonderer Dank gilt meinem Freund Udo Küssner für die sprachliche Überarbeitung der Übersetzung und Anissa und Christian Fuger für den Buchsatz.

AUSWEG
Ein neues Gesellschaftsmodell

Mehmet Kılıç

Bibliografische Information der Deutschen Nationalbibliothek:
Die Deutsche Nationalbibliothek verzeichnet diese Publikation
in der Deutschen Nationalbibliografie; detaillierte bibliografische Daten sind im Internet über www.dnb.de abrufbar.

Mehmet Kılıç
AUSWEG
Ein neues Gesellschaftsmodell
1. Ausgabe 2017

Mehmet Kılıç
Bretzenheimer Str. 63
55545 Bad Kreuznach
Tel.: 0049 (0) 671 44 00 9
Mail: lwn.mtp@gmx.de
Internet: www.mehmetkilic.com
Herstellung und Verlag:
BoD – Books on Demand, Norderstedt

© 2017
Herstellung und Verlag: BoD – Books on Demand, Norderstedt.
ISBN: 978-3-7431-7739-0

Für Beate

Vorwort

„Die Menschheit spricht"

Alle meine Mitglieder müssten es wissen; wenn einige es nicht wissen, sollten sie wissen, dass das Leben auf der Erde einmalig und einzigartig ist. Es gibt kein vergleichbares Beispiel und keine Wiederholung.

Trotzdem ist das Leben aufgrund der Rücksichtslosigkeit, Gedankenlosigkeit und mangelndem Bewusstsein meiner Mitglieder von einer zunehmenden Gefahr bedroht.

Die Grundlebensbedingungen des universellen Lebens wie Luft, Wasser und Nahrungsmittel sowie das gemeinsame Zuhause von allen Lebewesen, Mutter Natur, werden von einem Teil meiner Mitglieder aus den erwähnten Gründen zerstört.

Als Folge dieser Zerstörung werden die Bedingungen zur Fortsetzung des Lebens der Teilnehmer, also der Pflanzen, der Tiere und der Menschen, also auch meins, erschwert, behindert und verhindert.

Ausbeutung und Kriege verursachen in meinen Völkern und bei meinen Mitgliedern große Verluste, endlose Flüchtlingsströme und eine immer weiter steigende Armut, so dass ich unter unerträglichen Missständen, beißenden Schmerzen leiden muss und meine Würde tiefe Verletzungen erleidet.

Manche meiner Menschen werden Opfer des Menschenhandels und müssen unter den unmenschlichen Lebensbedingungen und Lebenssituationen wie Missbrauch, Unterdrückung, Gewaltanwendung, Sexsklaverei, Hurentätigkeit, Betteln, Obdachlosigkeit einen Überlebenskampf führen und würden am liebsten vor Scham im Boden versinken; und manche von ihnen krepieren wegen begangener Delikte wie Diebstahl, Einbruch, Betrug usw. in den Gefängnissen.

Während manche meiner Mitmenschen persönliche Krisen erleiden und in Abhängigkeit von Rauschgiften ein nutzloses Leben führen müssen, beenden andere Ihr Leben durch Selbstmord. Wie traurig ist es, dass einige meiner Mitglieder noch weiter gehen und die Entscheidung treffen, nicht nur ihr eigenes Leben zu beenden, sondern auch das anderer Menschen, die sie gar nicht kennen und sie trotzdem diese Entscheidung ohne zu zögern umsetzen.

Das kann nicht mehr so weitergehen. Ich will das nicht mehr zulassen. Mein Entschluss steht fest. Diese Lebensform werde ich ändern. Ich werde die Zerstörung der Grundlebensbedingungen stoppen. Ich werde alle negativen Situationen, die für das Leben auf der Erde, dessen Teilnehmer und deren gemeinsames Zuhause, die Mutter Natur, eine Gefahr und eine Bedrohung sein könnten, beseitigen. Ich werde eine neue Weltordnung gründen. Auf der Erde werde ich eine Gesellschaftsform mit einem menschenwürdigen Leben für alle errichten.

Menschheit

Problem
DAS LEBEN IST IN GEFAHR

Die Menschheit führt seit tausenden Jahren einen nicht zu gewinnenden Überlebenskampf unter den schweren und bitteren Missständen, die durch Kriege, Ausbeutung, Armut und deren Folgen verursacht werden.

Das System, das die bestehende Lebensumstände auf unserer Erde von Tag zu Tag erschwert, veranlasst nicht nur, dass die Menschen untereinander Feinde werden, sondern es bereitet unaufhörlich einen Boden vor, auf dem die Menschenwürde unter tiefen Wunden zu leiden hat und mit Füßen getreten wird.
Die ins Dasein gerufenen negativen Lebensbedingungen machen unvermeidlich, dass der Mensch sich von seiner Natürlichkeit und von seinen Grundwerten entfernt, sich selbst entfremdet und mit seiner eigentlichen Persönlichkeit nicht zu vereinbarende Verhaltensweisen entwickelt. Diese verursachen, sich von der Aufrichtigkeit, dem gesunden Menschenverstand, ja sogar vom Nutzen seiner eigenen Vernunft zu entfernen und in große Widersprüche zu verfallen.

Der zu Sklaven des Systems verwandelte Mensch kann einerseits die Gewaltanwendung, die Aggressivität verbieten, gleichzeitig kann er unter dem Vorwand, für den Frieden einzutreten, wissentlich und durchdacht blutige Kriege planen und ohne jedes Mitgefühl zahllose unschuldige Menschen ermorden.

Er kann Reichtum, Wohlstand und Glück versprechen, Armut und Hunger bewirken; er kann erwirken, dass die Menschen so tief fallen müssen, dass sie sich selbst, ihren Partner und ihre Kinder vermarkten müssen. Dass die Menschen alles verlieren und in kalten Winternächten auf der Straße schlafen müssen, kann er als persönliche Freiheit deklarieren.

Um seine selbst entwickelte Gier zu stillen, wird er von außen betrachtet unheimlich mächtig und er genießt es, sich in einem Vergrößerungsspiegel zu sehen und sich besonders wichtig zu nehmen. Er ist gar nicht in der Lage zu merken, dass er in Wirklichkeit immer ärmer wird, dass er sich selbst immer fremder wird, und dass er sich vom Menschsein entfernt.

Es ist eine traurige Wahrheit, dass ein erheblicher Teil der Menschheit dem Tod durch Hunger überlassen wird, dass viele aus Hilflosigkeit als Amokläufer neue Schmerzen herbeiführen, durch Selbstmord eigenes Leben beenden.

Es ist eine traurige Wahrheit, dass die von der Mutter Natur allen Lebewesen ohne eine Gegenleistung angebotenen Grundlebensbedingungen von Menschen zerstört werden.

Es ist eine traurige Wahrheit, dass das herrschende System ebenso das universelle Leben bedroht.

Alle Art von Versuchen, diese Lebensform fortzusetzen oder diejenigen zu unterstützen, die sich darum bemühen, ist die größte Verantwortungslosigkeit des Menschen, die er gegenüber der Mutter Natur, gegenüber der Menschheit und gegenüber sich selbst je haben kann. Das ist ein Wahnsinn! Das ist ein Verrat! Das kann nicht mehr fortgesetzt werden! Das muss endgültig beendet werden!

Hand in Hand, mit Respekt vor der Mutter Natur, ein menschenwürdiges Leben auf der Erde zu errichten, ist die Pflicht eines jeden Menschen sowohl gegenüber sich selbst als auch gegenüber der Menschheit.

Lösung
EINE NEUE WELTORDNUNG

Die Menschheit wird die Entscheidung bald treffen, dieses Problem zu lösen. Sie ist fähig, eine menschenwürdige Lebensform, mit dem Respekt vor der Mutter Natur, auf der Erde zu errichten. Es ist sicher, dass sie ihre Entscheidung mit Erfolg umsetzt und dies zum Glück der Menschheit führt.

Sobald die großartige Menschheit ihre Entscheidung trifft, wird sie einen «Weltstaat» gründen. Durch die Hände des «Weltstaat» wird sie ein neues System aufbauen.

Um das System zu gründen, wonach die Menschheit seit tausenden Jahren Hunger und Durst verspürt, wird der Staat zunächst Hand in Hand mit seinen Bürgern den Grundstein legen, auf den er das neue System setzen wird.

Der Grundstein wird aus zwei Säulen bestehen, die sich gegenseitig ernähren.

DAS FUNDAMENT
DER NEUEN WELTORDNUNG

Die erste Säule

DIE NEUE LEBENSPHILOSOPHIE

Nach der «neuen Lebensphilosophie» werden alle Menschen in der Welt sich selbst und die anderen als einen unverzichtbaren und gleichwertigen Teil eines ganz besonderen Ganzen begreifen. Also wird jeder einzelne Mensch die ganze Menschheit als einen einzigen Menschen und sich selbst als eine Zelle dieses Menschenkörpers verstehen. So wie in einem Menschenkörper Zellen sich zusammenschließen und Organe erschaffen und die Organe den gesamten Körper bilden, werden die Bürger der Welt sich selbst in diesem Körper, also im «Menschheitskörper», ihren persönlichen Fähigkeiten entsprechend gemeinsam mit anderen ähnlichen «Zellen» als eine Zelle in einem Organ sehen.

Für das Funktionieren dieses angenommenen Organs werden sie ihr eigenes Dazutun als unverzichtbar begreifen und gleichzeitig erkennen, dass das Funktionieren dieses gleichen Organs nur durch das Zusammenwirken vieler anderer ähnlicher Zellen möglich ist.

So werden sie feststellen, dass sich infolge der Vereinigung der Unterschiedlichkeiten Reichtümer und Kräfte bilden, also, dass durch einen Zusammenschluss der unterschiedlichen Fähigkeiten die Funktionsfähigkeit steigt, dass die körperlichen Unterschiedlichkeiten, also persönliche Eigenschaften, vom Wert her keine Unterschiede bedeuten und gleichwertig sind.

Dies wird dazu führen, dass die Gleichwertigkeit unter den Menschen nun als eine zweifellose Wahrheit von allen endgültig angenommen und erkannt wird.

Auf dieser Basis wird jedes Mitglied der Menschheit alle anderen Menschen ohne Zweifel und ohne Bedenken in gleichem Wert wie sich selbst, also gleichwertig, wahrnehmen. Der Mensch wird sowohl sein Privatleben als auch alle seine Kontakte im sozialen Miteinander nach diesem Verständnis gestalten.

Da der Mensch schon erkannt hat, dass er sein eigenes Leben einem Ganzen, das er gemeinsam mit anderen Menschen bildet, zu verdanken hat, genauso wie in einem Körper, wird er nie daran denken, jemanden schlecht oder ungerecht zu behandeln. Er wird eine Gewohnheit entwickeln, der Existenz von anderen nachhaltig mit Achtung und Respekt zu begegnen.

Mit dem Verinnerlichen dieser Philosophie wird die Menschheit einen neuen gemeinsamen Verstand, ein neues gemeinsames Gewissen und ein neues gemeinsames Bewusstsein erlangen, und das Ganze wird sich im Begreifen der Mutter Natur einfach und deutlich zeigen. Aus diesem Grund werden alle Menschen, ohne Ausnahme, die Gesamtheit der Mutter Natur als die gemeinsame Mutter aller Menschen, die sie hervorgebracht hat, sehen. Sie werden auch erkennen, dass die Mutter Natur für sie das wertvollste und stärkste Existierende ist, das ihnen gerne und ohne eine Gegenleistung einen Unterschlupf gewährt. Sie werden sie deshalb wie die eigene Mutter lieben und wie den eigenen Augapfel schützen. Die Menschen werden nicht nur die Menschen, sondern auch die Pflanzen und Tiere als gleichberechtigte Teilnehmer des universellen Lebens wahrnehmen. Und sie werden sich in der Pflicht sehen, auch die Tiere und Pflanzen genauso und kompromisslos zu schützen.

Dass der «gemeinsame Verstand», das «gemeinsame Gewissen» und das «gemeinsame Bewusstsein» bei der Gestaltung des sozialen Lebens ihren Platz einnehmen, wird dazu führen, dass die Menschheit sich aus schweren Leiden und Schmerzen, unter denen sie seit vielen Tausenden Jahren leidet, schleunigst herausführt.

Die Menschheit, die dadurch wieder zu sich kommt, ihre einzigartige Natürlichkeit erlangt, wird mit einem neuen Schwung und neuem gesunden Selbstvertrauen allen durch Gedankenlosigkeit verursachten Wahnsinn beseitigen. Die zu sich zurückgekehrte, ihr eigenes Ich erreichte Menschheit, wird die großen Tore der Lebensfreude ganz öffnen.

In Kürze wird sie eine Lebensform in der ganzen Welt verankern, in der sich alle in Sicherheit fühlen, alle in wahrem Frieden und wahrer Bruderschaft leben können, um nie wieder zu verlieren.

Dass die Mitglieder der Weltgesellschaft begreifen, wie logisch es ist, genauso wie ein Menschenkörper in einer Einheit, in einer Ganzheit zu leben, dass sie sich gegenseitig lieben und achten, dass sie in einer Atmosphäre der Natürlichkeit miteinander leben, dass sie Spaß am Leben haben, wird endlich die Ruhe auf die Welt bringen, die die Menschheit schon längst verdient hat.

Dass keine Person oder Gruppe wegen der Andersartigkeit ausgeschlossen, verachtet oder als Fremder gesehen wird und dies seitens der Menschheit fest verinnerlicht wurde, wird die Basis des sozialen Friedens sein. Der soziale Frieden wird sich in die «neue Lebensphilosophie» der Menschheit fest verankern, um nie mehr verloren zu gehen.

Die zweite Säule

DAS NEUE ERZIEHUNGS- UND BILDUNGSSYSTEM

Weil im «Weltstaat» Erziehung und Bildung sich mit der «neuen Lebensphilosophie» in ständiger Interaktion befinden, werden diese beiden bestimmenden Faktoren gleichzeitig die Funktion haben, sich gegenseitig zu ernähren und zu stärken.

Das wichtigste Prinzip der Erziehung und der Bildung wird sein, die Verschiedenartigkeit der einzelnen Menschen mit einer großen Sorgfalt zu entdecken. Diese unterschiedlichen Fähigkeiten im Verhältnis zu den Möglichkeiten der Einzelnen werden in bestmöglicher Weise erarbeitet, deutlich gemacht und weiterentwickelt.

Bei Ausübung der Erziehungs- und Bildungsaktivitäten wird von jeglicher Unterrichtsmethode Abstand genommen, die in sich die Gefahr bergen könnte, die Schüler zu stumpfsinnigen Auswendiglernern werden zu lassen. Es wird großen Wert darauf gelegt, dass die Fähigkeiten der Lernenden wie das logische Denken, das Beurteilen, das Verstehenlernen, das Transferieren etc. gefördert werden.

Das zweite Prinzip in der Erziehung und Bildung, das verfolgt wird, ist, die Kinder die «neue Lebensphilosophie» mit aller Tiefe begreifen, verinnerlichen und zu eigen machen zu lassen.

Auf der Basis dieser Prinzipien wird großen Wert auf die Förderung der Kreativität des Menschen gelegt; dass ihm die Wege geebnet werden, eine konstruktive und produktive Persönlichkeitsbildung zu erlangen und seine eigene Welt zu schaffen.

In der Erziehung und Bildung des neuen Systems werden neben der Förderung der Begabungen der Menschen zwei wichtigen Elemente des Menschenlebens ganz besonders ihre Berücksichtigung finden: die Sicherstellung der Verinnerlichung der «neuen Lebensphilosophie» und die Steigerung des Bewusstseins sowohl von Einzelnen als auch der Gesellschaft! Zur Bewusstseinssteigerung gehören beispielsweise das Verständnis von sozialem Miteinander, die Vernetzung der persönlichen Kompetenzen und der Einsatz des «gemeinsamen Verstandes»!

Die Schüler werden von ihrem persönlichen Umfeld ausgehend unmittelbar das reale Leben, die Arbeitswelt, kennenlernen. Es wird darauf geachtet, dass ihre persönlichen Unterschiede; insbesondere ihre Kreativität und Produktivität, bei der Gestaltung des gesellschaftlichen Lebens Berücksichtigung findet.

In den Schulen wird in allen Altersgruppen Erziehung und Bildung ausgewogen behandelt und sowohl auf Theorie als auch auf Praxis gestützt. Die Schule wird für die Schüler, neben anderen Erziehungs- und Bildungsorten, ein Lebens- und Lernort werden. Ein experimentelles, handlungsorientiertes und lebendiges Lernen wird bei den Lernmethoden einen bedeutenden Platz einnehmen. Die Rahmenbedingungen für Erziehung und Bildung werden stets auf einem optimalen Niveau gehalten. Unter der Betreuung ihrer Lehrer werden die Schüler selbst das reale Leben entdecken, sie werden selbst ihre Analyse und Synthese bilden und die Ergebnisse mit ihren Mitschülern und Lehrern teilen.

Sprachenlernen wird einen besonderen Platz einnehmen. Die Schüler werden mindestens zwei Sprachen lernen: Die «Muttersprache» und die «Weltsprache». Die Unterrichtssprache wird die «Muttersprache» sein, aber die «Weltsprache» wird so gut gelernt, dass sie genauso gut wie die «Muttersprache» beherrscht wird.

WELTSTAAT

DIE ORGANISATIONSPHILOSOPHIE DES WELTSTAATES

Die «neue Lebensphilosophie» wird die Strukturierung und Organisation des «neuen Staates» bestimmen. Die neue Strukturierung wird sich von dem bisher üblichen Staatenstruktursystem unterscheiden.

VERSTAND-GEWISSEN-BEWUSSTSEIN

Die «neue Grundlebensphilosophie», insbesondere die Grundprinzipien wie «gegenseitige Gleichwertigkeit», «gegenseitige Verantwortung» und «gemeinsamer Verstand», «gemeinsames Gewissen», «gemeinsames Bewusstsein» werden bei der Strukturierung des «Weltstaates» die Grundlagen sein. Die menschlichen und gesellschaftlichen Werte, wie «gegenseitige Achtung», «Liebe», «Verständnis», «Solidarität» werden in den Vordergrund gestellt. Das Verständnis von der «Ganzheit der Menschheit» wird bei der Strukturierung des «Weltstaates» eine besondere Bedeutung haben.

Das Verständnis, dass jeder Mensch ein unverzichtbarer Bestandteil der «Ganzheit der Menschheit» ist, wird für jeden Menschen, sowohl bei der Gestaltung seines eigenen Lebens als auch bei der Findung des für seine Person zugeschnittenen Platzes im gesellschaftlichen Leben eine seiner Hauptregeln werden, von der er sich nie trennt.

Die Realität, dass die Mutter Natur alle Lebewesen, die Pflanzen, Tiere und Menschen, wie eine leibliche Mutter hervorbringt und ihnen ein warmes, geborgenes Zuhause ist, in dem sie ohne eine Gegenleistung gemeinsam leben können, wird von allen Bürger der Welt erkannt und tief verinnerlicht.

Der Mensch wird auch erkennen, dass er als einzige Art unter den Lebewesen in der Lage ist, gegenüber der Mutter Natur, den anderen Lebewesen und dem universellen Leben eine besondere Verantwortung zu übernehmen.

Der Einzelne wird merken, dass er die Grundwerte der «neuen Lebensphilosophie» ganz genau vergeistigt hat. Auf dieser Basis wird er feststellen, dass der Mensch und die Menschheit eine überdimensional große Liebe- und Energiequelle sind.

Aufgrund dieser Erkenntnis und durch die daraus resultierende Kraft und das Selbstvertrauen werden die Menschen Hand in Hand den «Weltstaat» organisieren. Jeder wird die Aufgabe, die er freiwillig übernommen hat, mit diesem Bewusstsein erfüllen und sein privates und gesellschaftliches Leben nach diesem Verständnis einrichten.

Unter der Federführung des «neuen Staates» werden die Menschen mit schönen Gefühlen und Gedanken, in einer sehr freundschaftlichen Atmosphäre alle Hürden, eine nach der anderen, ohne dass jemand kleinste Schmerzen erleidet, nehmen und gemeinsam eine menschenwürdige Weltordnung auf die Erde bringen.

GEMEINSAME ANSTRENGUNG UND GEMEIMSAME FREIHEITEN

Sobald die Menschen anfangen, ihre ganze Kraft gemeinsam in einer harmonischen Art mit dem «gemeinsamen Verstand», «gemeinsamen Gewissen», «kollektiven Verantwortungsbewusstsein» für gemeinschaftliche Zwecke einzusetzen, wird dies zugleich in der ganzen Welt als ein zuverlässiges Zeichen dafür verstanden, dass die großen Träume der Menschheit endlich beginnen, wahr zu werden! Die warmen Lichter des wahren Friedens und der Brüderlichkeit werden beginnen, die ganze Welt zu beleuchten, zu erwärmen und zu umarmen.

Die wahren Freiheiten für die Einzelnen und die Gesellschaft werden beginnen zu grünen und zu gedeihen. Die wahren Freundschafts- und Zusammengehörigkeitsgefühle werden erblühen. Ein unerschütterliches Verständnis von Solidarität wird sich erheben. Das Solidaritätsverständnis wird das friedliche Miteinander stärken. Das friedliche Miteinander wird die natürliche Kreativität fördern. Die Kreativität wird die gemeinschaftliche Kraft zum Leben ernähren. Die gemeinschaftliche Kraft zum Leben wird Lebensfreude erzeugen. Die gemeinschaftliche Lebensfreude wird die Menschheit zum gemeinsamen wahren Glück führen.

VERANTWORTUNGSAUFTEILUNG

Da in dem neuen «Weltstaat», der auf die «neue Lebensphilosophie» gestützt wird, das Verhalten und die Lebensform anderer zu bestimmen, die Freiheiten einzuschränken, andere Menschen zu verurteilen und zu bestrafen, von der Tagesordnung der Menschheit gelöscht werden, wird beim Funktionieren des Staatsapparates keine Gewaltanwendung in Frage kommen.

Das Prinzip «Gewaltenteilung» wird seinen Platz an das Prinzip «Verantwortungsaufteilung» verlieren. Da ein stabiles Verantwortungsbewusstsein in die Persönlichkeit jedes Einzelnen eingraviert sein wird, wird er diese Haltung sowohl gegenüber sich selbst als auch in den Kontakten mit anderen Menschen leben. Dem Menschen wird es ständig bewusst sein, dass er selbst sowohl seine persönlichen Regeln entwickelt, als auch die Kompatibilität der Regeln mit den Werten seiner Lebensphilosophie prüft und auch noch diese Regeln anwendet.

Genau das wird auch bei dem Aufbau des «Weltstaates» seine Berücksichtigung finden. Der Staatsapparat wird nicht mehr, wie bisher, aus drei tragenden Säulen bestehen: Judikative, Legislative und Exekutive.

Jeder wird seine Aufgabe, die er entsprechend seinen Eigenschaften übernommen hat, mit dem gleichen Verständnis, mit der gleichen Sorgfalt und Verantwortlichkeit erfüllen, wie er dies in seinem persönlichen und gesellschaftlichen Leben erfüllen würde, wenn er im Staatsapparat eine Aufgabe zu erfüllen hat. Er wird von außen nicht auf einen Einfluss, eine Kritik oder eine Kontrolle warten.

Die Haltung wird in allen Organen des Staatapparates sowie bei allen Personen, die in diesen Organen beschäftigt sind, ihre Gültigkeit bewahren. Auf dieser Basis werden innerhalb des Staatswesens keine Teilung, keine Opposition und keine Polarisation entstehen. Die Welt wird sich in einen kostbaren Freiheitsgarten verwandeln, in dem auf Verantwortlichkeiten basierende Freiheiten keimen, grünen, gedeihen und Früchte tragen.

DIE ROUTE UND DER KOMPASS

Der neue «Weltstaat» hat eine ganz klare Route, die er verfolgen will, um der Menschheit die nötigen Lebensbedingungen für ein menschenwürdiges Leben zu sichern und ihr mit Spaß zu dienen. Mit diesem Ziel wird der «Weltstaat» bei staatlichen Behörden zwei Gruppen von besonderem Fachpersonal platzieren. Dieses Fachpersonal wird in allen Einrichtungen, die bei der Gestaltung des gesellschaftlichen Lebens mitwirken, die Aktivitäten erhellend begleiten.

PHILOSOPHEN

Im neuen «Weltstaat» werden die «Philosophen» sowohl für Einzelpersonen als auch für die Gesellschaft und den Staat die Straßenlaternen auf dem Lebensweg sein. Sie werden diesen gesunden Weg so beleuchten, dass die Menschheit zweifellos und mit einer Entschiedenheit voranschreitet.

Sie werden den Weg dafür bereiten, dass die Beschäftigten in allen Stufen des Staatsapparates zum einen auf einem richtigen Weg vorankommen und zum anderen jeden Tag eine vermehrt steigende und feine Lebensfreude spüren.

Das gewählte oder eingestellte Personal werden die «Philosophen» während der konkreten Erledigung aller Art Arbeit begleiten und dafür sorgen, dass die Aktivitäten der «neuen Lebensphilosophie» entsprechen.

Die «Philosophen», die sich um eine Stelle bewerben wollen, benötigen grundsätzlich eine «Dienstbefähigungsbescheinigung» der zuständigen Bildungseinrichtung.

DIE WEGWEISER

Da im neuen System die künstlichen und entmündigenden Gerichtsbehörden überflüssig werden, werden die Berufe Richter, Staatsanwaltschaft, Anwalt usw. von sich verschwinden.

Wie die Juristen heute bei staatlichen Behörden oder bei den privaten Betrieben Rechtsberatung betreiben, wie sie ihre Einrichtungen juristisch beraten und betreuen, werden die «Wegweiser» im neuen «Weltstaat» eine ähnliche Aufgabe erfüllen.

Die «Wegweiser» werden, genauso wie bei den «Volksberatungs- und Volksbetreuungszentren», in allen Stufen des Staatsapparates, auch in allen Phasen aller konkreten Aktivitäten des gewählten Personals, alles prüfen und begleiten, dass alles den von betreffenden Parlamenten festgelegten Regeln entspricht.

Die «Wegweiser» benötigen, genauso wie die «Philosophen», eine «Dienstbefähigungsbescheinigung» der zuständigen Bildungseinrichtung, um sich für eine Stelle bewerben zu können.

Diese Regel gilt auch für die «Mediatoren», die sich um eine Stelle bei den «Volksbetreuungszentren» bewerben wollen.

DIE DEMOKRATIE UND IHR FUNKTIONIEREN

Wie in allen Lebensbereichen werden die Werte der «neuen Lebensphilosophie» in der «neuen Weltordnung» als Basis der Demokratie verstanden. Die «neue Lebensphilosophie» wird den Inhalt des Begriffes «Demokratie» neu beschreiben.

Die angeblichen Freiheiten, die möglicherweise direkt oder indirekt das universelle Leben bedrohen oder gefährden könnten, werden keinen Platz im neuen Demokratieverständnis bekommen.

Keine Ideen, Gedanken und Tätigkeiten werden als demokratische Freiheiten benannt, die zur Vernachlässigung, zur Verschmutzung und zur Zerstörung der Mutter Natur führen könnten.

Keine Ideen, Gedanken und Tätigkeiten werden unter dem Schirm der «neuen Demokratie» Zuflucht finden, die möglicherweise verursachen könnten, das Menschenleben zu erschweren, die Mutter Natur und die Gesundheit der Menschen zu gefährden und die Menschenwürde zu verletzen.

Die Verhaltensweisen und Tätigkeiten wie Druck, Isolation, Folter und Gewaltanwendung, die unmittelbar gegen die Gesundheit und Freiheit des Menschen gerichtet sind, können weder Methoden des «Weltstaates» sein, die als Selbstschutzmaßnahmen deklariert werden, noch dürfen sie vorgeschlagen werden, um sie als rechtens legitimieren zu lassen.

Menschen durch Strafe umzuerziehen und durch Gewaltanwendung und Blutvergießen Ziele durchzusetzen zu versuchen, werden nicht nur von dem Schutz des Begriffes «Demokratie» entlassen; sie werden sich selbst als Sinnlosigkeiten, Gewissenslosigkeiten und Blindheiten in die schwarzen Seiten der Geschichte versenken.

Alle Ideen, Gedanken, Verhaltensweisen und Aktivitäten, die mit der Mutter Natur, mit der Existenz aller Lebewesen, insbesondere der Gesundheit und Würde der Menschen übereinstimmen, die von dem «gemeinsamen Menschenverstand» und «gemeinsamen Gewissen» akzeptiert und dem «kollektiven Verantwortungsbewusstsein» bestätigt werden, werden zu den unbegrenzten, natürlichen demokratischen Freiheiten gezählt, die das private und gesellschaftliche Leben zu einem gesunden Stand führen und stärken werden.

DIE TRANSPARENZ UND BEFÄHIGUNG
FÜR EINE KANDIDATUR

Genauso wie das Demokratieverständnis wird auch das Demokratieleben in einer entsprechenden Form der Werte der «neuen Lebensphilosophie» angeordnet. Im Demokratieleben wird die Transparenz und Deutlichkeit der Grundsatz sein.

In den Verwaltungseinheiten des «Weltstaates» werden die im Ort bzw. in der Region existierenden Lebensbereiche im Verhältnis zu ihrer Größe vertreten sein.

Diejenigen, die eine Aufgabe für einen Lebensbereich in einer Verwaltungseinheit übernehmen wollen, werden zunächst anhand ihrer Dokumente ihre Befähigung für einen erfolgreichen Arbeitseinsatz nachweisen. Nach der Feststellung der Eignung können sie Ihre Kandidatur für ihre Lebensbereiche bekanntgeben.

So werden die Wähler wissen, welchen Kandidat sie für welche Lebensbereiche wegen welcher Kompetenzen wählen möchten. Mit diesem Bewusstsein werden sie ihre Zustimmung erteilen. Und so wird es immer deutlich sein, wer wen mit welchem Ziel wählt und wer von wem für welche Aufgabe gewählt wurde.

DIE FLEXIBLE ERNEUERBARKEIT

Die Wahlen werden, so gut es geht, für kurze Perioden durchgeführt. Dieses Verfahren wird auf das Prinzip gestützt, dass der Menschenkörper, um gesund zu bleiben, ständig seine Zellen erneuert. Die flexible Erneuerbarkeit der Gewählten wird dazu dienen, dass die Funktionalität und Leistungsfähigkeit der staatlichen Organisation immer auf dem Niveau des Optimums gehalten werden.

Das flexible «Erneuerbarkeitsprinzip» bedeutet nicht, dass die Gewählten oder die Angestellten nicht zum zweiten Mal die gleiche Aufgabe übernehmen oder für andere Aufgaben gewählt werden dürfen. Wichtig ist, dass Menschen, die eine Aufgabe zu Diensten der Menschheit übernommen haben, immer in der Lage sind, diese Aufgabe bestens erfüllen zu können.

Sie werden sogar im Rahmen ihres Verantwortungs- und Pflichtbewusstseins ihr Amt von sich aus niederlegen, wenn sie feststellen, dass die Aufgabe, die sie ausführen, von einer anderen Person besser ausgeführt werden kann.

POLITISCHE PARTEIEN

Die politischen Parteien werden aus zwei wichtigen Gründen überflüssig. Erstens: Die neue Lebensform auf der Erde sieht nicht die Polarisierung, sondern den Kompromiss und den Zusammenhalt, nicht die Trennung, sondern die Vereinigung und die Vervollständigung, sich für «gemeinsame Ziele», den «gemeinsamen Verstand» einzusetzen, «gemeinsame Werte» zu entwickeln und diese Werte gemeinsam umzusetzen, vor.

Zweitens: Die Kandidaten werden nicht wegen ihrer Zugehörigkeit zu einer Partei oder einer Organisation gewählt, sondern sie werden für die ihren Fähigkeiten und Interessen bestentsprechenden Ämtern von sich aus kandidieren und wegen ihrer Befähigung und ihrer anderen, für die Aufgabe geeigneten, Eigenschaften gewählt.

Im Hintergrund des Zweitens liegt die Realität, dass die Einzelnen entsprechend der «Prinzipien der neuen Bildungsphilosophie» in Richtung ihrer persönlichen Fähigkeiten und Kompetenzen, die sie erwerben werden, unterschiedliche Entwicklungs- und Eignungsniveau aufweisen werden.

Die Neugestaltung des Gesellschaftslebens gemäß dem «gemeinsamen Verstand» der Menschheit erfordert nicht, dass ein Wettbewerb, eine Auflösung, eine Polarisierung zwischen den Parteien, Gruppen oder Einzelpersonen angefeuert wird, sondern die Mannschaften für den Verwaltungsapparat mit dem Verständnis der «neuen Lebensphilosophie» gewählt und gebildet werden, die ihre Arbeit ebenfalls mit diesem Verständnis ausführen.

DAS GEMEINSAME ZIEL

Die selbstbewusste Dynamik der Weltgemeinschaft wird dazu führen, dass die einzelnen Menschen in den neuen Generationen immer gesündere, stärkere Persönlichkeiten mit einem stabilen Selbstvertrauen werden. In der Gesellschaft wird ein soziales Gleichheitsverständnis, in dem sich keiner besser oder schlechter als andere, weniger oder mehr sieht, Wurzeln schlagen.

Jeder wird mit seinem «eigenen Verstand», «eigenen Gewissen» und «eigenen Bewusstsein» seinen Platz in dem «gemeinsamen Verstand», «gemeinsamen Gewissen» und «gemeinsamen Bewusstsein der Menschheit» einnehmen. Die Menschen werden ihre Energie nicht für die Trennung, sondern für die Vereinigung und Vernetzung verwenden.

Unter den Menschen wird die Überzeugung herrschen, dass die Menschheit sich mit einer harmonischen, sozialen Zusammenlebensform für alle bemüht , genauso wie ein einzelner gesunder Menschenkörper nicht gegen seine eigene Zellen und Organe agiert, diese wird sich zu einem «gemeinsamen Wert» entwickeln, den jeder immer in seinem Gedächtnis und in seiner Seele trägt.

Die «gemeinsame Bemühung», das «gemeinsame Erwerben», die «gemeinsame Teilung» und die «gemeinsamen Freiheiten» werden das «gemeinsame Ziel» für alle Einzelnen sein.

DIE ORGANISATIONSFORM DES WELTSTAATES

ZIVILE ORGANISATION DES WELTSTAATES
Die Neue Dienstleistung

Der «Weltstaat» wird gemeinsam mit seinen Bürgern die «neue Dienstleistungswelt» auf zwei tragende Säule des neuen Systems setzen: die «neue Lebensphilosophie» und das «neue Erziehungs- und Bildungssystem».

Die «neue Dienstleistungswelt», die auf das neue Lebensverständnis gestützt wird, wird die größte Dienstleistungseinrichtung sein; eine einheitlich strukturierte, große Dienstleistungsorganisation auf der ganzen Welt, im Einklang mit dem Volk, aus dem Volk und für das Volk. Sie wird „Das Volk für das Volk" heißen.

Die «Das Volk für das Volk» wird überall auf der Welt, von den kleinsten Wohnsiedlungen bis zu den größten Metropolen, bestens organisiert. Sie wird allen Bürgern in allen Lebensbereichen, die regionalen geographischen Bedingungen, das Klima, die Vegetation, kulturelle Gegebenheiten, die Lebensunterhaltsquellen und die daraus resultierenden unterschiedlichen Möglichkeiten und Bedürfnisse berücksichtigend, dienen. Das soziale Leben wird so organisiert, dass sichergestellt wird, dass die Menschen in allen Lebensbereichen alle Dienste nutzen können.

Die «neue Dienstleistungswelt» wird sich als einer der bedeutsamen Motoren des neuen Systems permanent aktualisieren und weiterentwickeln, um ihre Aufgabe zu erfüllen zu können, damit das neue System funktioniert und ein reibungsloser Verlauf des Alltages gewährleistet ist.

Erwähnt man den Begriff «Das Volk für das Volk», wird man automatisch an drei Organe der «neuen Dienstleistungswelt» denken, die sich zueinander ergänzen: «Volksinformationszentren», «Volksberatungszentren» und «Volksbetreuungszentren».

VOLKSINFORAMTIONSZENTREN

Bei den «Volksinformationszentren» werden die Bürger auf ihre einfachen Fragen wie «Was?» oder «Wo?», schnelle, zuverlässige und verständliche Antworten von Fachleuten bekommen. Falls sie das Bedürfnis haben, ausführlichere Informationen zu bekommen, werden ihnen diese Wünsche auch erfüllt.

VOLKSBERATUNGSZENTREN

Bei den «Volksberatungszentren» werden die Bürger für ihr Vorhaben ausführliche und zuverlässige Informationen von Fachleuten erhalten; Informationen darüber, was für einen Weg sie verfolgen können. Wollen sie z.B. ein Haus bauen, bekommen sie alle Informationen für den Bau eines Hauses.

VOLKSBETREUUNGSZENTREN

Das Fachpersonal in den «Volksbetreuungszentren» wird die Bürger bei der Lösung ihrer Probleme von Beginn an bis zum Schluss beratend begleiten. Möchte z.B. jemand ein Haus bauen, wird er kostenlos betreut, von der Planung, Kostenkalkulation bis zum Ende der Gartengestaltung.

SPEZIELLE FACHLEUTE

In diesen Dienstleistungszentren werden wegen der charakteristischen Besonderheiten des Systems auch spezielle Fachleute ihre Dienste anbieten:

PHILOSOPHEN

Die «Philosophen» werden in allen drei Zentren tätig sein. Sie werden das Personal der Zentren in ihrer Tätigkeit begleiten, sodass sie ihren Dienst entsprechend den Werten der «neuen Lebensphilosophie» erfüllen.

WEGWEISER

Die «Wegweiser» werden den Platz des heutigen Rechtsberaters einnehmen. Bei den «Volksinformationszentren» und «Volksbetreuungszentren» werden sie dem Fachpersonal bei seiner Tätigkeit zur Seite stehen und es begleiten. Sie werden darauf achten, dass die Dienstleistungen mit den Regeln der betreffenden Parlamente konform sind.

MEDIATOREN

Die «Mediatoren» werden in den «Volksbetreuungszentren» tätig sein. Sie werden eine ähnliche Aufgabe wie die heutigen Richter erfüllen. Sie werden bei einem gemeinsamen Thema die andersdenkenden und andersinterpretierenden Bürger oder Parteien zu einer Einigung führen; sie könnten ein Vertreter des Staatsapparates oder einer Firma sein. Die Werte der «neuen Lebensphilosophie», der gemeinsame Verstand, das gemeinsame Gewissen und die Regeln, welche die Parlamente verabschieden, werden die Hauptquelle bzw. Grundstütze des Einigungsverfahrens der «Mediatoren» sein.

AUSNAHMEVERFAHREN

Die Dienste der «Dienstleistungszentren» werden in zwei Lebensbereichen ein Ausnahmeverfahren haben. Dieses Ausnahmeverfahren wird mit der besonderen Stellung der beiden Lebensbereiche in der Gesamtheit des allgemeinen Lebens begründet. Auch in diesen Lebensbereichen werden neben dem Fachpersonal «Philosophen», «Wegweiser» und «Mediatoren» wertvolle Dienste leisten:

ERZIEHUNGS- UND BILDUNGSEINRICHTUNGEN

Die «Dienstleistungszentren» werden im Lebensbereich Erziehung und Bildung gesondert strukturiert. «Erziehungs- und Bildungs-Informationszentren», «Erziehungs- und Bildungs-Beratungszentren" und «Erziehungs- und Bildungs-Betreuungszentren» werden in allen Bildungseinrichtungen einen besonderen Platz bekommen.

Bei den Eltern beginnend werden sie allen Menschen in allen Positionen, als Lernende und Lehrende, informierend, beratend und betreuend behilflich sein.

So bedeutend der Platz der Erziehung und Bildung im neuen System auch ist, so bedeutend werden die Einrichtungen der Dienstleistungswelt bei der erfolgreichen Bewältigung des Alltages sein. Diese Dienste werden nicht nur innerhalb des Erziehungs- und Bildungsbereiches, sondern in allen Bereichen des Lebens eine Schlüsselrolle spielen.

ZENTREN FÜR GESUNDES LEBEN

In den Gesundheitszentren werden «Information-Gesundes Leben», «Beratung-Gesundes Leben» und «Betreuung-Gesundes Leben» aufgebaut. Überall in der Welt werden die Menschen die Dienste dieser Einrichtungen unbegrenzt, doch mit hohem Verantwortungsbewusstsein, in Anspruch nehmen.

STAATLICHE ORGANISATION DES WELTSTAATES

Die Organisationsstrukturen des «Weltstaates» werden wie folgt aussehen:

- Kommunale Verwaltungseinheiten
- Regionale Verwaltungseinheiten
- Kontinentale Verwaltungseinheiten
- Welt-Volksvertreterparlament

KOMMUNALE VERWALTUNGSEINHEITEN

Mit den kommunalen Verwaltungseinheiten sind von den kleinsten Dörfern beginnend bis zu Großstädten alle Wohnsiedlungen gemeint. Einfach zu verstehen sind sie die Gemeinde- und Stadtverwaltungen.

GEMEINDEVERWALTUNGEN

Die kleinen Wohnsiedlungen bis zu einer bestimmten Einwohnerzahl werden von Gemeinderäten geführt. Die Siedlungseinwohner wählen bei den Wahlen, die nach den neuen «Regeln» organisiert sind, den Gemeinderat. Die Zahl der Gemeinderatsmitglieder wird nach der Einwohnerzahl und den Unterschiedlichkeiten der Lebensunterhaltsquellen festgelegt.

Ein Beispiel: Wir nehmen an ein Dorf; unter den Hauptunterhaltsquellen spielen die Lebensbereiche Weinanbau und Weinproduktion, Tierhaltung, Handwerk, Tourismus und Kunst-Kultur eine ausschlaggebende Rolle. Diese Lebensbereiche werden im Gemeinderat im Verhältnis ihrer Anteile zur Einwohnerzahl zu einem bestimmten Prozentsatz von gewählten Mitgliedern vertreten.

Damit die Angehörigen der genannten Lebensbereiche im Verhältnis ihrer Wählerzahl in den Ausschüssen, die im Rat gebildet werden, vertreten sind, werden Wahlen durchgeführt. Zum Beispiel wird der Ausschuss für Weinbau mit 5, Tierhaltung 4, Handwerk 2, Tourismus 1 und Kunst-Kultur mit 3 Mitgliedern vertreten.

Ein Ortsbewohner, der seine Befähigung für einen Lebensbereich, z.B. Tierhaltung, nachweisen kann, kann für einen Sitz im dazugehörigen Ausschuss im Gemeinderat kandidieren.

Die Angehörigen des gemeinten Lebensbereiches wählen aus der Kandidatenliste Personen für den Gemeinderat, von denen sie meinen, dass sie für die bekannte Aufgabe am besten geeignet sind.

Die stimmberechtigten Einwohner wählen neben den speziellen Ausschüssen für die genannten Lebensbereiche auch weitere Ausschüsse, die für andere gesellschaftliche Aufgaben gebildet werden.

Die Wähler wählen für den Gemeinderat außerdem je nach Größe des Rates mindesten jeweils einen «Philosophen» und einen «Wegweiser».

Nach den Wahlen bilden die Ratsmitglieder einen geschäftsführenden Vorstand. Für den Vorstand wählen sie einen Vorsitzenden, einen Stellvertreter, einen Schriftführer und einen Kassenwart. Der Vorsitzende übernimmt die Aufgabe des «Gemeindevorstehers».

Anschließend bilden die Ratsmitglieder die vorgesehenen Ausschüsse. Der neugewählte Gemeinderat startet unter dem Vorsitz des «Gemeindevorstehers» mit einem gemeinsamen Verstand und mit einem schönen Zusammengehörigkeitsgefühl diesem Ort so zu dienen, als ob er eine einzige und kollektive Kraft des Ortes wäre.

Die Gemeinderäte können unter sich Vereinigungen bilden, um an gemeinsamen Themen zusammenzuarbeiten und sich bei Bedarf zu solidarisieren.

STADTVERWALTUNGEN

Ortschaften, deren Einwohnerzahl eine bestimmte Grenze übersteigt, werden von Stadtverwaltungen geführt. Das Verwaltungsorgan einer Stadtverwaltung wird das Stadtparlament sein. Die Stadtparlamente, die man auch als Stadträte bezeichnen kann, werden von den Einwohnern einer Stadt gewählt.

STADTPARLAMENTE

Die Bildung der Stadtparlamente und deren Arbeitsweise werden nach den gleichen Prinzipien wie bei den Gemeinderäten konzipiert. Einwohner einer Stadt wählen aus der Kandidatenliste eine bestimmte Zahl von Personen gezielt für die jeweiligen Ausschüsse ins Stadtparlament.

Die gewählten Mitglieder bilden in der ersten Sitzung des neuen Stadtparlaments einen geschäftsführenden Vorstand. Für den Vorstand wählen sie einen Vorsitzenden, mindestens einen Stellvertreter, einen Schriftführer und einen Kassenwart. Der Vorsitzende des geschäftsführenden Vorstandes fungiert damit auch als Vorsitzender des Stadtparlamentes und trägt den Titel «Bürgermeister».

Das neue Stadtparlament bereitet als nächstes eine Geschäftsordnung vor, die die Arbeitsregeln des Stadtrates festlegt. Nach der Zustimmung des Parlamentes gewinnt die Geschäftsordnung ihre Gültigkeit.

AUSSCHÜSSE

Als nächstes bildet der Stadtrat die Ausschüsse, die auf die bestehenden Lebensbereiche und Hauptunterhaltsquellen im Stadtgebiet basieren. Die Ausschüsse bilden eine eigene Struktur, um ihre Arbeit besser zu koordinieren. Dazu wählen sie jeweils einen Sprecher, einen Stellvertreter und einen Schriftführer.

Jeder Ausschuss ermittelt die Bedürfnisse in seinem eigenen Lebensbereich; er trifft die nötigen Maßnahmen; inklusive Finanzplan, erledigt alle Vorbereitungen bis zu letzten Einzelheiten und legt sie als Beschlussvorlage dem Stadtparlament vor.

SITZUNG DES STADTPARLMANTES

Die von den Ausschüssen dem Parlament vorgelegten Beschlussvorlagen werden bei der großen Sitzung des Parlamentes behandelt und beschlossen. Die endgültigen Beschlüsse werden entweder durch die eigenen Kräfte der Stadtverwaltung oder durch externe Firmen umgesetzt. Die Stadtparlamente dienen ihren Einwohnern, in Begleitung von «Philosophen» und «Wegweisern», für ihre Wahlperiode mit Begeisterung und mit Freude, ohne einmal müde zu werden.

Die Stadtverwaltungen können sich, genauso wie die Gemeinderäte, untereinander vernetzen und Vereinigungen bilden.

REGIONALE VERWALTUNGSEINHEITEN

Bei der Bildung der neuen Verwaltungseinheiten, also bei der Abgrenzung der Regionen aus verwaltungstechnischen Gründen, könnte man die bestehenden Grenzen zwischen den alten nationalen Staaten bzw. in föderativen Systemen zwischen Bundesländern nutzen oder, um die Arbeit zu vereinfachen, die bestehenden Grenzen ganz oder teils aufheben und neu setzen.

Im Falle einer Erneuerung der Grenzen der «Regionalen Einheiten» werden einige Kriterien wie die geographische Lage der Regionen, die Bevölkerungsdichte, die Lebensform der

Bevölkerung, die Lebensunterhaltsquellen, die Sprache, religiöser Glaube, Sitten und Gebräuche mit berücksichtigt.

Die «Regionalen Verwaltungseinheiten» können sich vernetzen und Vereinigungen bilden.

Die Form des Arbeitslebens der «Regionalen Verwaltungseinheiten» wird prinzipiell ähnlich sein wie bei den «Kommunalen Verwaltungseinheiten». Der Unterschied wird darin liegen, dass die «Regionalen Verwaltungseinheiten» sich mit den flächendeckenden Themenbereichen wie «Erziehung und Bildung», «Gesundheit», «Finanzen», «Verkehr», «Kommunikation», «Energie», «Nutzung der natürlichen Ressourcen», «Schutz vor den Naturkatastrophen» etc. befassen und der Bevölkerung dienen.

REGIONALE PARLAMENTE

Die Landbevölkerung wird, genauso wie bei den «Kommunalen Verwaltungseinheiten», nach den gleichen Kriterien die Abgeordneten wählen, die sie in «Regionalen Parlamenten» bzw. in den betreffenden Ausschüssen vertreten. Die gewählten Abgeordneten bilden gemeinsam die «Regionalen Parlamente».

Die Mitglieder des Parlamentes, also die Abgeordneten, bilden bei der ersten Sitzung ein «Präsidium»; zudem wählen sie einen «Präsidenten», einen Stellvertreter und weitere Mitglieder zum «Präsidium», dessen Mitgliederzahl sich je nach Abgeordnetenzahl des Parlamentes ändern kann. Als nächstes erarbeitet das neue Parlament eine Geschäftsordnung, die die internen Prinzipien der Arbeitsweise des Parlamentes beinhaltet und fasst dazu den nötigen Beschluss.

Die eigentliche Aufgabe der «Regionalen Parlamente» ist es, die Beschlussvorlagen der Ausschüsse in der gemeinsamen Sitzung ausführlich zu debattieren und zu beschließen.

AUSSCHÜSSE

Die neugewählten Abgeordneten kommen bald zusammen und bilden zweckmäßig Ausschüsse, für die sie gewählt wurden; Ausschüsse wie z.B. «Erziehung und Bildung», «Gesundheit» etc.

Zu Beginn wählt jeder Ausschuss einen Vorsitzenden, einen Stellevertreter und einen Schriftführer, die die Ausschussarbeit organisieren und koordinieren.

Die Mitglieder der einzelnen Ausschüsse planen gemeinsam Aktivitäten für ihre Lebensbereiche einerseits, andererseits bereiten sie die Entwürfe der «Regeln» vor, die bei der Umsetzung eingehalten werden sollen.

REGIONALE REGIERUNGEN

Die Vorsitzenden der im Parlament gebildeten Ausschüsse kommen zusammen und bilden das Kabinett, also die «Regionale Regierung». Die Minister wählen aus ihrer Mitte einen Sprecher, mindestens einen Stellvertreter. Der Vorsitzende übernimmt die Aufgabe des «Ministerpräsidenten» und der Stellvertreter des «Vizeministerpräsidenten». Die Zahl der Stellvertreter kann je nach der Größe des Parlamentes bzw. Zahl der Ausschüsse steigen.

Die «Regionalen Regierungen» haben die Aufgabe, die Beschlüsse des Parlamentes umzusetzen. Zudem setzen die «Regionalen Regierungen» auch die Beschlüsse der «Kontinentalen Parlamenten» und «Welt-Volksvertreterparlamentes», die ihre Region anbetreffen, um.

Die «Philosophen» und «Wegweiser» haben bei allen «Regionalen Verwaltungseinheiten» ihren Platz in genügender Zahl.

KONTINENTALE VERWALTUNGSEINHEITEN

Den Kern der «Kontinentalen Verwaltungseinheiten» bilden die eigenen und autonomen Verwaltungseinheiten der Kontinente. Die «Kontinentalen Verwaltungseinheiten» unterstützen einerseits die «Kommunalen Verwaltungseinheiten» und «Regionalen Verwaltungseinheiten» in ihren miteinander abgestimmten und harmonischen Dienstleistungen für ihre Bürger, andererseits unternehmen sie die nötigen Anstrengungen für die Weiterentwicklung des interregionalen und interkontinentalen Lebens entsprechend der «neuen Lebensphilosophie».

Die Schwerpunkte der Arbeit der interkontinentalen Verwaltungseinheiten sind Luft, Gewässer, Bodenschätze, Wälder, Wildtiere, Wüsten etc.

Die Sitze der «Kontinentalen Verwaltungseinheiten» werden mit einer großen Sorgfalt gewählt. Mit diesem Ziel sucht sich jede «Kontinentale Verwaltungseinheit» einen Ort aus, der innerhalb der Grenzen einer der ärmsten «Regionalen Verwaltungseinheit» liegt.

Die «Kontinentalen Verwaltungseinheiten» können sich, um ihre Arbeit bestens zu erfüllen, untereinander vernetzen.

KONTINENTALE PARLAMENTE

Die Bürger wählen in bestimmten Abständen Abgeordneten, die sie in «Kontinentalen Parlamenten» vertreten. Das Parlament hat die Aufgabe, das Leben, das auf dem betreffenden Kontinent herrscht, am besten zu organisieren.

Mit diesem Ziel wählen die Bürger aus derjenigen Kandidatenliste ihre Abgeordneten, die ihre Qualifikationen konkret für die Lebensbereiche nachweisen, die im Aufgabenbereich der betreffenden «Kontinentalen Verwaltungseinheit» liegen.

Aus jeder Region gewählte Abgeordnete treffen zusammen und bilden die «Kontinentalen Parlamente».

Die «Regionalen Verwaltungseinheiten» werden im Verhältnis ihrer Einwohnerzahl in «Kontinentalen Parlamenten» vertreten.

Die neugewählten Parlamentsmitglieder wählen aus ihrer Mitte einen «Präsidenten», einen «Vizepräsidenten» und fünf weitere Mitglieder zum Präsidium. Als nächstes erarbeitet das Parlament eine Geschäftsordnung, die die Grundprinzipien der Parlamentsarbeit beinhaltet und verabschiedet sie.

AUSSCHÜSSE

Die neugewählten Abgeordneten, genauso wie die in «Regionalen Verwaltungseinheiten», bilden zweckmäßig die Ausschüsse für die Lebensbereiche, für die sie gewählt sind, zum Beispiel «Luft», «Gewässer» etc.

Jeder Ausschuss wählt aus seiner Mitte einen Sprecher, mindestens einen Stellvertreter und einen Schriftführer, die die interne Ausschussarbeit organisieren und koordinieren.

Die Ausschussmitglieder gestalten gemeinsam bis zu den kleinsten Einzelheiten die Beschlussvorlagen für das Parlament.

KONTINENTALE REGIERUNGEN

Die Vorsitzenden der vom Parlament gebildeten Ausschüssen kommen zusammen und bilden das «Kabinett», also die «Kontinentale Regierung». Das «Kabinett» wählt aus seiner Mitte einen Sprecher und mindestens einen Stellvertreter. Der Sprecher übernimmt die Aufgabe des «Ministerpräsidenten» und der Stellvertreter die des «Vizeministerpräsidenten». Die Zahl der «Vizepräsidenten» kann je nach der Größe des Parlamentes bzw. Zahl der Ausschüsse steigen.

Um eine koordinierte Arbeit zu erleichtern, erörtern die «Kontinentalen Regierungen» die Vorbereitungen der Ausschüsse zunächst im «Kabinett». Die Vorlage, die vom «Kabinett» behandelt ist, wird durch die Hand des betreffenden Ausschusses an das «Parlamentspräsidium» weitergeleitet.

Die Beschlüsse der «Kontinentalen Parlamente» werden von den «Kontinentalen Regierungen» umgesetzt. Gleichzeitig werden die Beschlüsse des «Welt-Volksvertreterparlamentes», die ihren Kontinent betreffen, umgesetzt.

Die «Kontinentalen Regierungen» koordinieren den Austausch und die Zusammenarbeit zwischen den «Regionalen Regierungen», die sich auf ihrem Kontinent befinden.

Die «Philosophen» und «Wegweiser» leisten auch in allen Gremien der «Kontinentalen Verwaltungseinheiten» und in allen Phasen der Aktivitäten sorgfältige Dienste.

WELT-VOLKSVERTRETERPARLAMENT

DIE BILDUNG DES PARLAMENTES

Das «Welt-Volksvertreterparlament» wird von den Vertretern gebildet, die von allen Weltbürgern gewählt werden. Die Bürger wählen ihre Vertreter direkt. Die Wahlen organisieren die «Regionalen Verwaltungseinheiten». Genauso wie bei den anderen Wahlen, müssen die Kandidaten nachweisen, dass sie über die erforderlichen Fähigkeiten, Kompetenzen und Erfahrungen in den Lebensbereichen verfügen, für die sie kandidieren.

Die neu gewählten Parlamentsmitglieder wählen in der konstituierenden Sitzung für die Leitungen der Sitzungen des Parlamentes einen «Präsidenten», mindestens drei «Vizepräsidenten» und fünf weitere Mitglieder zum «Präsidium».

Unter der Leitung des neuen «Präsidenten» bzw. des «Präsidiums» erarbeitet das Parlament als Erstes eine Geschäftsordnung und fasst darüber einen Beschluss. Dann bereitet es «Welt-Grundlebensregeln», die man heute mit dem klassischen Ausdruck «Welt-Grundgesetz» benennen könnte, auf der Basis der «neuen Lebensphilosophie», vor. Alle «Regeln» in der Welt, die von allen Verwaltungseinheiten festgelegt werden, werden mit den «Welt-Grundlebensregeln» konform sein.

Nachdem das Parlament die «Welt-Grundlebensregeln» verabschiedet hat, wählt es einen «Präsidenten» und zwei «Vizepräsidenten» für den «Weltstaat».

Das «Welt-Volksvertreterparlament» bestimmt in seiner ersten Sitzung noch einen geeigneten Sitz für sich. Dieser Sitz wird innerhalb der Grenzen eines der ärmsten «Regionalen Verwaltungseinheiten» sein.

ARBEITSWEISE DES PARLAMENTES

Um die Aktivitäten der Ausschüsse auf eine wissenschaftliche Basis zu stützen, gründet das «Volksvertreterparlament» spezielle Bildungseinrichtungen, die wissenschaftliche Forschungs-, strategische Planungs- und Vorbereitungsarbeiten betreiben.

Diese Einrichtungen bilden einerseits in ihren Bereichen Fachleute aus, andererseits bieten sie ihre neuesten Erfahrungen, Entdeckungen und Ergebnisse den «Welt-Volksvertretern» zur Nutzung an. Mit solchen und ähnlichen Mitteln wird das Parlament versuchen sicherzustellen, dass die Ausschüsse zielgerichtet, produktiv und zügig arbeiten.

BILDUNG DER AUSSCHÜSSE

Das «Welt-Volksvertreterparlament» bildet Ausschüsse zu den Themen, die die ganze Welt interessieren, z.B. «Erziehung und Bildung», «Philosophie»", «Universelles Leben», «Wegweisung», «Welt-Grundlebensregeln», «Mediation», «Lebensfreude», «Wohlstand», «Wissenschaft und Forschung» und «Zivilisation».

Genauso wie bei den Verwaltungseinheiten bringen auch die Ausschüsse im «Volksvertreterparlament» zunächst ihre Arbeitsform in Ordnung und legen die Arbeitsregeln fest. Sie wählen aus ihrer Mitte einen Sprecher und zwei Stellevertreter und einen Schriftführer.

Die «Philosophen» und «Wegweiser» nehmen auch im «Volksvertreterparlament» ihren Platz ein. Zu ihren wichtigsten Aufgaben gehören die Sicherung der Übereinstimmung der Themeninhalte und die Verfahrensweisen mit der «neuen Lebensphilosophie» des Staates und den «Welt-Grundlebensregeln», die sie gemeinsam mit Ausschussmitgliedern sorgfältig gestalten.

DIE ARBEITSWEISE DER AUSSCHÜSSE

Jeder Ausschuss erstellt für sich ein Arbeitsprogramm. Er setzt Prioritäten für die geplanten Aktivitäten. Über die vorgenommene Arbeit tauscht er sich mit der Bildungseinrichtung ständig und intensiv aus, mit der er zusammenarbeitet. Die betreffende Bildungseinrichtung leistet die Vorarbeit. Das Ergebnis legt sie als Rohentwurf dem Ausschuss vor. Der Ausschuss überarbeitet diese Regelvorlage. Anschließend leitet er den endgültigen Regelentwurf an das «Parlamentspräsidium» weiter, mit der Bitte um Erörterung und Verabschiedung.

DIE BESCHLÜSSE
DES VOLKSVERTRETERPARLAMENTES

Die Regelentwürfe, die die Ausschüsse dem «Parlamentspräsidium» vorgelegt haben, werden in Begleitung von «Philosophen» und «Wegweisern» sorgfältig debattiert. Die endgültige Fassung des Entwurfes wird per Abstimmung beschlossen. Die vom Parlament beschlossenen «Regeln» werden dem «Staatspräsidenten» zur Bestätigung vorgelegt. Der «Präsident» lässt sie von seinen Beratern überprüfen. Der Regelentwurf wird rechtkräftig, wenn der «Staatspräsident» ihn unterschrieben hat.

Unter den Beratern des «Welt-Staatspräsidenten» werden sich neben den Fachspezialisten mit fachlicher Eignung für die Themenbereiche, die im Aufgabenbereich des Parlamentes liegen, auch «Philosophen» und «Wegweiser» befinden.

Das «Welt-Volksvertreterparlament» setzt teils die «Regeln», die es verabschiedet hat, durch seine eigenen Organe selbst um und überweist andere an die «Kontinentalen Verwaltungseinheiten» und «Regionale Verwaltungseinheiten» mit der Bitte der Umsetzung.

AUFGABEN DES WELTSTAATES

Allgemeine Mobilisation
EINE WELT FÜR ALLE

Der «Weltstaat» wird sich schnell, aber sehr gründlich, organisieren. Sobald er seinen strukturellen Aufbau vervollständigt hat, startet er eine allgemeine Mobilisation: «Eine Welt für alle!»

1. DEN WAHNSINN STOPPEN

Der Staat wird im Rahmen einer allgemeinen Mobilisation namens «Eine Welt für alle!» als den ersten Zug das Projekt «Stoppt den Wahnsinn!» durchführen.

Der Staat wird Hand in Hand mit seinen Bürgern die blutenden Wunden der Menschheit mit großer Sorgfalt und Behutsamkeit schleunigst versorgen, so als leiste er jemandem Erste Hilfe, der plötzlich krank geworden ist oder einen Unfall erlitten hat.

In seinen konkreten Schritten wird er

- alle Militäreinrichtungen auflösen, alle Waffen vernichten und alle Kriege beenden,
- alle Hungrigen sättigen, den Hunger in der Geschichte begraben,
- allen Obdachlosen ein Zuhause bieten, die Obdachlosigkeit beenden,
- die Ursachen der Situationen beseitigen, in denen die Menschen, insbesondere die Mütter, um zu überleben, sich selbst und ihre Kinder vermieten oder verkaufen müssen, damit die sexuellen Wünsche von anderen erfüllt werden, den Menschenhandel und die

Sexsklaverei beenden,
- den bedürftigen Menschen Sofort-Hilfe leisten und verhindern, dass sie, um zu überleben, den Weg einschlagen müssen, Einbrecher, Bettler, Betrüger, Räuber etc. zu werden,
- den Menschen, die schwere gesundheitliche Probleme haben, aber aus finanziellen Gründen nicht behandelt werden, die Tore der Gesundheitszentren öffnen und sie behandeln lassen.

2. DAS LEBEN AUF DER ERDE SICHERN

A. AUSBAU DER INFRASTRUKTUREN

Um die Investitionen für das neue System auf gesunde Fundamente zu setzen, wird der Staat im zweiten Zug der allgemeinen Mobilisation gemeinsam mit seinem Volk mit dem Aufbau der Infrastrukturen das Projekt mit dem Namen «Hand in Hand die ersten Bausteine» starten.

Die Aufbauarbeiten der Infrastrukturen werden weltweit alle Lebensbereiche umfassen. Die vorhandenen funktionsfähigen Einrichtungen und Anlagen werden weiterhin ihre Verwendung finden, die alten renoviert und ausgebaut und die Fehlenden neu gebaut.

Die Produktion und Dienste aller Anlagen und Einrichtungen, die die lebensfeindlichen Werte der alten Lebensphilosophie unterstützen, werden eingestellt und die laufenden Investitionen gestoppt.

Der «Weltstaat» wird die Verkehrsinfrastrukturen weltweit so ausbauen, dass alle Angebote und Dienstleistungen für den

Aufbau des neuen Systems bis zu entfernst liegenden Ortschaften ohne Barriere, ohne Probleme gebracht werden können.

Den Verkehr durch das Land, die Luft und das Wasser wird er optimieren; alle Transportfahrzeuge für einen Neustart vorbereiten, mit neuen Fahrzeugen die Transportkapazität auf den nötigen Stand setzen.

Für Energieproduktion und Energietransport wird er die Kapazität mit dem neuen Verständnis ausbauen; die ganze Welt, bis zur kleinsten Wohnsiedlung, wird er mit Stromerzeugungs- und Stromtransportnetzen versehen.

Die Infrastrukturen für jegliche Kommunikationsanlagen wird er einrichten, ausbauen, die Produktion der nötigen Zubehör- und Ersatzteile und eine störungsfreie Kommunikation sichern.

Nach der «neuen Lebensphilosophie» wird der Staat die Aktivitäten in Bereichen wie neue Bildungsprogramme, Lehrerausbildung, Unterrichtsmaterialien, Schulgebäude etc. mit Sorgfalt und großer Geschwindigkeit verfolgen und die nötigen Grundrahmenbedingungen für Erziehung und Bildung weltweit auf einer gesunden Basis ausbauen.

Der «Weltstaat» wird mit dem gleichen Verständnis das Gesundheitswesen mit den nötigen Grundrahmenbedingungen und Infrastrukturen lückenlos ausbauen.

Der «Weltstaat» wird in dieser Phase weltweit in allen Wohnsiedlungen als eine Besonderheit «Die Schöpfer des neuen Systems»–Gruppen bilden. In diesen Gruppen werden freiwillige Maler, Bildhauer, Schriftsteller, Dichter und Musiker etc. aktiv sein, die mit ihrer Kreativität die Weltrevolution begleiten möchten. Jeder wird in seinem Bereich mit seinem Talent ganz frei mitwirken, sodass die «neue Lebensphilosophie» sinngetreu in den Herzen der Menschen ihren Platz fest einnimmt und gedeiht.

Der «Weltstaat» wird zum einen mit seinem Projekt «Stoppt den Wahnsinn!» die blutenden Wunden der Menschheit versorgen, zum anderen mit dem Projekt «Hand in Hand die ersten Bausteine» die Infrastrukturen aufbauen, gleichzeitig wird er das Projekt «Die Sicherung des Lebens auf der Erde» starten.

Mit dem Projekt «Die Sicherung des Lebens auf der Erde» wird der «Weltstaat» das Leben vorrangig in zwei großen Lebensbereichen endgültig sichern.

B. ENDE DER NATURZERSTÖRUNG

Um das im Mittelpunkt des universellen Lebens auf der Erde stehende Menschenleben endgültig zu sichern, wird der «Weltstaat» zuerst mit der Beendigung der Zerstörung des gemeinsamen Zuhauses der Menschheit beginnen, das ihr die Grundlebensbedingung ohne eine Gegenleistung bietet.

Jedem Menschen wird das Bewusstsein mit großer Genauigkeit vermittelt, dass die Existenz des Lebens auf der Erde und das Dasein dieser Existenz von bestimmten Grundbedingungen abhängig ist. Dafür werden alle denkbaren technischen Maßnahmen getroffen. Die Zerstörung der Mutter Natur, die das gemeinsame Zuhause aller Lebewesen ist und die Grundlebensbedingungen Luft, Wasser und Nahrung innehat, wird in enger Zusammenarbeit von Volk und Staat gestoppt.

So werden die Luft, die Gewässer und der Boden nicht mehr vergiftet; somit wird gesichert sein, dass die Pflanzen, die auf der Erde wachsen und angebaut werden, nicht mehr gesundheitsschädlich sind. Es wird endgültig gestoppt, dass die auf dem vergifteten Boden wachsenden Produkte und die daraus produzierten Nahrungsmittel gesundheitsschädliche Gefahren in sich bergen. So wird es auch keine Gefahr mehr sein, das Fleisch der Tiere, die auf den vergifteten Weiden weiden, zu konsumieren.

C. SICHERUNG DES MENSCHENLEBENS

Der «Weltstaat» wird zum einen die Beendigung der Naturzerstörung vorantreiben, zum anderen wird er beginnen, eine menschliche Lebensführung für alle seine Bürger mit einer festen Entschlossenheit zu sichern.

1. MINDESTLEBENSSTANDART

Der «Weltstaat» wird zur Sicherung des Menschenlebens weltweit einen «Mindestlebensstandard» einführen. Er wird mit seinen Bürgern gemeinsam alle dazu nötigen Maßnahmen treffen. Diese wird er intensiv und ununterbrochen umsetzen und die Armut, die die Menschheit seit tausenden Jahren nicht zur Besinnung kommen, nicht zu Atem kommen lässt, beseitigen.

Mit dem Lebensstandart, den er vorrangig in den Lebensbereichen «Ernährung», «Wohnen», «Gesundheit» und «Erziehung und Bildung» einführen wird, werden alle Folgeerscheinungen der Armut dann Geschichte sein.

Der «Weltstaat» wird für alle seine Bürger eine menschenwürdige Ernährung sicherstellen. Er wird die Sklaverei, den Menschenhandel, den Missbrauch und das Betteln beenden, dem Hungertod ein Ende setzen. Er beendet rasch die Gesundheitsprobleme, die aufgrund schlechter Lebensbedingungen wie Unterernährung, falscher Ernährung oder tägliches unzureichendes Auskommen entstehen.

Allen Menschen wird er Möglichkeiten für ein gesundes Leben schaffen. Allen Bürgern wird er eine Wohnung, ein warmes Zuhause, ein warmes Bett ermöglichen, die Obdachlosigkeit beenden.
Es wird kein Kind mehr auf der Erde geben, das keine Schule besuchen kann.

Mit der Einführung des «Mindestlebensstandards» wird der «Weltstaat» das Menschenleben sichern und es wird in der Welt keinen Menschen mehr geben, der völlig auf sich gestellt einen Überlebenskampf führen muss. Ganz im Gegenteil: aufgrund der großen Lebensfreude, die auf wertvollen und konkreten Erfolgen basiert; werden Arbeit, Brot; was der Mensch für das Leben nötig hat, untereinander geteilt. In aufrichtiger Zusammenarbeit wird die Welt auf der Grundlage eines neuen Verständnisses aufgebaut; das gemeinsame Leben basiert auf einem neuen Verständnis.

3. ERRICHTUNG
EINES MENSCHENWÜRDIGEN SYSTEMS

Nachdem der «Weltstaat» das Leben auf der Erde gesichert hat, wird er beginnen, den Traum, den die Menschheit seit vielen Jahren in sich trägt, wahrzumachen, das langersehnte System zu errichten:

«Ein menschenwürdiges Leben für alle!»

REFORMEN IN ALLEN LEBENSBEREICHEN

Das gesamte Leben auf der Welt wird in einer herzlichen und engen Zusammenarbeit zwischen Bevölkerung und «Weltstaat» neu gestaltet. Alle Lebensbereiche werden einzeln geprüft, bis zu den kleinsten Einzelheiten gefiltert, entsprechend der «Lebensphilosophie» des neuen Systems gestaltet und der von den Parlamenten des «Weltstaates» einwickelten «Regeln» passend neu geformt. Ein paar Beispiele:

AUFHEBUNG DES RECHTSSYSTEMS

Dass die Menschen im neuen Gesellschaftssystem das Bewusstsein erlangen, ein besonderer Teil einer besonderen Ganzheit zu sein, ein Mitglied der Menschheit zu sein, wird dazu führen, jeden anderen Menschen zu sich selbst gleichwertig wahrzunehmen. Die Gleichwertigkeit, also das Verständnis über die Indiskutabelität der gleichen Rechte und Freiheiten, wird nicht nur ein leeres Wort bleiben, sondern sie wird von allen Beteiligten seinem Inhalt entsprechend gelebt.

Die Folgerichtigkeit dieser Haltung wird sowohl bei der Gestaltung des eigenen Lebens als auch bei der Beteiligung am gesellschaftlichen Leben und dem Verhalten gegenüber der Mutter Natur greifbar werden. Niemand wird sich so verhalten, dass er das Leben von einem anderen negativ beeinflussen könnte; weder einzelne Personen, noch die Gesellschaft, noch der Staat werden privilegierter sein als andere.

Das Verantwortungsbewusstsein der Einzelnen, der Gesellschaft und des Staates, das auf dem gemeinsamen Verstand basiert, wird einen Kontrollmechanismus von außen überflüssig machen. Die gegenseitigen Beziehungen werden unter großem Verantwortungsbewusstsein, frei von Einflüssen jeglicher Interessengruppen, und in gegenseitiger Achtung und Liebe geführt. Was der Einzelne selbst für sich bedeutet, werden auch Gesellschaft und Staat für ihn bedeuten. Das wird nicht nur von den Einzelnen ausgehend erlebt, sondern die Gesellschaft und der Staat werden sowohl gegenüber sich selbst als auch gegenseitig oder gegenüber dem Einzelnen die gleiche Haltung haben.

Die feine Sensibilität, die in den Beziehungen zwischen den Einzelnen, der Gesellschaft und dem Staat gelebt wird, wird genauso gegenüber der Mutter Natur gelebt.

Da die «neue Lebensphilosophie», auf die der «Weltstaat» gestützt ist, mit allen ihren Werten von allen Menschen verinnerlicht, das neue System weder Schuld noch Schuldige produzieren und keiner ungerecht behandelt wird und sich verteidigen muss, wird sich von selbst herausstellen, dass das heutige Rechtssystem überflüssig ist, dass die nach den nationalen Schablonen geschnittenen und in die nationalen Schubladen gesteckten Gesetze mit der universellen Vernunft nicht zu vereinbaren sind und nicht mehr funktionieren. Aus diesen Gründen wird das derzeitige Rechtssystem unnötig und abgeschafft.

Die Abschaffung des Rechtssystems bedeutet nicht, dass «Recht» und «Gerechtigkeit» aufgehoben werden. Im Gegenteil. Das Rechtsverständnis, die «Gerechtigkeit» werden genauso wie «Gleichheit», «Freiheit» etc. in dem hohen Prinzip «Gleichwertigkeit» ihren Platz einnehmen.

UNSCHLÜSSIGKEITSFÄLLE

In Unschlüssigkeitsfällen werden die «Wegweiser» und «Mediatoren», die bei den «Volks-Informationszentren» und «Volksberatungszentren» tätig werden, sich einschalten. Diese Bedienstete werden die heutigen Gerichte ersetzen. Durch die gemeinsamen Beratungen werden die Themen geklärt, bei denen es Auslegungsbedarf gibt, und es wird in voller Zufriedenheit der Beteiligten eine Einigung erzielt werden.

REGELN STATT GESETZE

Die nach dem neuen System gebildeten Parlamente der Verwaltungseinheiten werden keine einseitigen Vorschriften als Gesetze verabschieden, bei deren eventuellen Nichteinhaltung wiederum Strafgesetze angewandt werden. Sie werden Grundregeln entwickeln, die dem Menschenverstand und der «neuen Lebensphilosophie» entsprechen, die aus den natürlichen menschlichen Bedürfnissen entstehen und von Einzelnen, der Gesellschaft und dem Staat eingehalten werden. Diese «Regeln» werden die gegenseitigen Beziehungsverhältnisse des genannten Trios, der Einzelne, die Gesellschaft und der Staat, umfassen sowie das Thema «Schutz der Mutter Natur» beinhalten.

Diese von den Parlamenten für alle denkbaren Lebensverhältnisse entwickelten «Grundregeln» mit Schlüsselfunktion werden zahlenmäßig möglichst gering gehalten. Grundsätzlich werden sie in einer einfachen, von jedem verständlichen Sprache verfasst. Für alle, für Einzelne, für die Gesellschaft und für den Staat werden sie in Hauptsätzen und Sätzen mit dem Subjekt «ich» formuliert.

Die Bürger werden diese «Regeln» nicht einfach blind auswendig lernen. Sie werden sie, im Rahmen der zum Leben gerichteten natürlichen Lernprinzipien der Erziehung und Bildung in den Schulen, entsprechend ihres erlangten Verantwortungsbewusstseins wohlwollend und gerne verinnerlichen. Die Einzelheiten und Feinheiten werden sie im Rahmen ihrer persönlichen freien Meinung und entsprechend der Werte, die die «neue Lebensphilosophie» beinhaltet, selbst bestimmen.

Falls es um die Einhaltung der «Regeln» für eine geplante Aktivität geht, beispielsweise die «Regeln», die man beim Bauen eines eigenen Hauses einhalten sollte, die wir auch als Informationen bezeichnen, können sie diese «Regeln» bei den «Dienstleistungszentren» einfach und effizient erfahren.

Die von den Parlamenten entwickelten «Grundregeln» werden sowohl in der «Weltsprache» als auch in den «Muttersprachen» der Bürger sowie in den regionalen Sprachen, die die Bürger sprechen, in Erziehungs- und Bildungseinrichtungen zum Lernen angeboten. In den ersten Jahren der Revolution wird das Erlernen der «Regeln» ein Thema der Erwachsenenbildung sein.

DIE AUFHEBUNG DER INSTITUTION MILITÄR

Mit der Verinnerlichung der «neuen Lebensphilosophie» seitens der Menschheit werden die Daseinsgründe vieler Institutionen und Einrichtungen, vieler Aktivitäten und praktischer Durchführungen von selbst verschwinden. Dies wird auch die Institution Militär betreffen.

Da die heute genannten Gründe für die Existenz des Militärs wie die Eroberung der Böden, der Quellen und der Werte, die anderen gehören, die Unterdrückung unterschiedlicher Menschengruppen, Völker und Länder, durch Gewaltanwendung von Mächtigeren oder durch Verteidigung eines Landes, eines Volkes gegen die Angriffe von anderen, nicht mehr existieren werden, wird es für die Beibehaltung des Militärs keine Existenzberechtigung mehr geben.

Auf dieser Grundlage werden alle Militärorganisationen der Welt, nachdem sie alle Waffen, die sie besitzen - inklusive der Atomwaffen - vernichtet und den Müll entsorgt haben, abgeschafft. Somit wird der Militärapparat bis zu den untersten Organisationen für immer beseitigt und die Armeen aufgelöst.

Das Erbe des Militärs wird komplett umgestellt und der Zivilbevölkerung zur Nutzung zur Verfügung gestellt.

DIE AUFHEBUNG DER ORGANISATION POLIZEI

Die Hauptaufgaben der Polizei, die Justiz insbesondere durch Ermittlung, Verfolgung, Festnahmen etc. zu unterstützen, werden aufgrund der Aufhebung des Rechtsystems überflüssig sein.

Der andere wichtige Aufgabenbereich, «Wegweisung» und «Betreuung», wird vom Fachpersonal der «Volksinformationszentren», der «Volksberatungszentren» und «Volksbetreuungszentren» übernommen.

Somit wird, genauso wie für andere Institutionen, die Notwendigkeit an der Existenz der Polizei nicht mehr bestehen. Infolgedessen wird die Polizei abgeschafft.

DIE SCHLIESSUNG DER GEFÄNGNISSE

Es wird für jeden, der die «neue Lebensphilosophie» begriffen hat, klar sein, dass das neue System nicht auf Druck, Angst und Strafe, sondern auf gegenseitiges Verständnis, Achtung und Liebe gestützt ist.

Eine Rechtfertigung dafür, dass Menschen wegen irgendwelcher Verhaltensweisen nach den Bestimmungen der alten Gesetze als schuldig erkannt, bestraft und ins Gefängnis gesteckt wurden, wird es prinzipiell nicht mehr geben.

Deshalb wir der «Weltstaat» im Namen der Menschheit alle Menschen, die zu einer Freiheitsstrafe verurteilt sind, bedingungslos aus den Gefängnissen entlassen. So werden dann alle Gefängnisse auf der Welt leer sein.

Eine Generalamnestie wird auch für alle anderen Arten von Strafe ausgesprochen.

Der Staat wird für seine Bürger, die in Gefängnissen krank geworden sind, umgehend Gesundheitsmaßnahmen treffen und mittels von Fachleuten alles tun, damit diese Menschen schnell wieder gesund werden.

Die Gefängnisgebäude werden in Zusammenarbeit von «Weltstaat» und Bevölkerung in Museen umgewandelt.

AUFHEBUNG DER NATIONALEN GRENZEN

Die Bürger des neuen «Weltstaates» werden die Sinnlosigkeit der künstlichen Teilung der Mutter Natur rasch durchblicken und die Grenzen, die man seinerzeit zwischen ihren Staaten gezogen hat, gemeinsam aufheben.

Danach können die Bürger, wenn sie wollen, genau so, als zögen sie von einem zu einem anderen Stadtviertel um, ihre Wohnorte verlassen und in eine andere Gegend der Welt übersiedeln.

Diese Bürger werden in ihrer neuen Heimat im Rahmen ihres eigenen Verantwortungsbewusstseins unter den einheimischen Bürgern als ein natürlicher Teil dieser Gesellschaft weiterleben können.

Genauso wie die Einheimischen werden sie ohne Ausgrenzung in den für sie bestgeeignetsten Funktionen des sozialen Lebens als aktive Teilnehmer ihren Platz einnehmen.

AUFHEBUNG DER GEHEIMDIENSTORGANISATIONEN

Da die alte Lebensphilosophie, die verursachte, dass die Menschen, außer sich selbst, alle anderen als Konkurrenz verstehen, ihre Attraktivität und Gültigkeit verliert, werden die Menschen von sich aus beginnen, ihre Natürlichkeit wieder zu entdecken.

Weil in der neuen Welt der alte Begriff «Internationaler Wettbewerb» und somit das Wettrennen und «versteckte Feindschaften» nicht mehr bestehen werden, wird die «Krankheit», geheime Informationen über andere zu sammeln, gleichfalls verschwinden.

Danach wird es keinen Staat mehr in der Welt geben, der ein Feind irgendeines anderen wäre. Kein Staat wird mehr geheime Informationen über andere Staaten sammeln, um sie für den Interessenschutz des eigenen Volkes oder zur Durchsetzung der Vorteile des eigenen Staates zu benutzen. Es wird nicht mehr nötig sein, dass ein Staat geheime Informationen sammelt, um die schwachen Seiten des anderen für seine nationalen Zwecke zu missbrauchen, die Vorteile der starken Seiten des anderen zu benutzen und sich vor Nachteilen zu schützen. Nun wird es keinen Partner oder Feind mehr geben. Niemand wird gegen andere sein. Alle werden für alle und jeder für jeden da sein.

Da die «neue Lebensphilosophie» von den Menschen gerne angenommen wird und diese zu ihrer Natürlichkeit zurückkehren werden, werden sie beginnen, die menschlichen Werte zu schützen und zu schätzen. Dies macht Geheimdienstorganisationen überflüssig und sie werden abgeschafft.

ARBEITSLEBEN

Die Arbeitswelt wird auf der Basis der Menschenwürde mit einem neuen Verständnis vollständig neu gestaltet. Der angemessene Wert der Arbeit, die Mühe und die Anstrengungen für sie, werden ihren Platz einnehmen. Das Prinzip «Die Gleichwertigkeit der menschlichen Arbeit» wird das Grundprinzip der Arbeitswelt sein. Gedanken und Träume, wie z.B. auf dem Rücken von anderen reich zu werden, Macht aufzubauen, werden ihre Attraktivität verlieren. Niemand wird jemals mehr daran denken, auf Kosten von anderen zu leben. Die Welt der Ausbeutung wird zur historischen Schande herabsinken.

Aufgrund dieser positiven Entwicklung wird die Arbeitswelt nicht mehr eine Welt sein, die ständig schwer heilbare Gesundheitsprobleme hervorruft. Die Gesundheit der Arbeiter, ein gesunder Arbeitsplatz und die Arbeitssicherheit werden zu den neuen «Regeln» gehören, die mit dem neuen Verständnis aufgestellt und von allen Beteiligten eingehalten werden.

Die Menschen werden selbstständig arbeiten oder kollektiv Firmen gründen können, indem sie sich zusammenschließen. Diejenigen, die mitarbeiten wollen, können Teilhaber dieser Firma sein.

Die Arbeitsverträge zwischen den Beschäftigten und Arbeitgeber, die auch für Fachleute sehr kompliziert waren, werden ihren Platz durch das Vertrauen verlieren, das die Menschen füreinander entwickeln. Diese gegenseitige Vertrauensbasis, die sich auf die Werte der «neuen Lebensphilosophie» und die von den Parlamenten gestützten «Regeln» stützt, wird zum einen unantastbar werden und zum anderen ein in allen Bereichen des Lebens bestimmender Faktor der zwischenmenschlichen Beziehungen sein.

Weil die Menschen nach den Grundprinzipien des neuen Systems entsprechend ihren Wünschen und ihren Fähigkeiten und Kompetenzen die für sie passenden Arbeiten erledigen, werden sie alles, was sie machen, mit Erfolg und Spaß ausführen. Die Arbeiten, mit denen sie ihren Unterhalt verdienen, werden gleichzeitig ihre Hobbys sein. Das wird die Kreativität der an der Produktion Beteiligten ständig fördern. So werden sich die Produktivität und die Qualität der Arbeit in der ganzen Welt automatisch steigern. Die Produktion und die Ernteerträge werden zwar steigen, doch werden die Menschen, die die Arbeit ausführen, dadurch nicht müde. Die Arbeits-, Erholungs- und Urlaubszeiten werden nicht von außen geregelt, nicht in Schubladen gesteckt; nicht mit Tagen, Stunden und Minuten begrenzt wie in der Vergangenheit; im Gegenteil, alles wird nach den Bedürfnissen der Beteiligten mit Verantwortungsbewusstsein selbst und frei bestimmt.

Werte wie die Lebens- und Gesundheitssicherung der Beschäftigten auf dem Arbeitsplatz, die Gesundheit des Arbeitsplatzes, der Wert der Schweißperlen und des Abmühens, die Qualität und die Produktivität der Arbeit etc. werden unverzichtbare gemeinsame Nenner aller Beteiligten des Arbeitslebens sein. Diese Werte werden nicht wie in der Vergangenheit deswegen, weil sie von Gesetzen vorgeschrieben waren, von allen Beteiligten diskussionslos akzeptiert, sondern weil sie wichtige Werte sind, die sich auf den gemeinsamen Verstand stützen, werden sie die Beteiligten zu einem gemeinsamen angenehmen Leben führen.

WIRTSCHAFT UND PRODUKTION

In der «neuen Weltordnung» wird die Wirtschaft grundsätzlich auf «Produktion» setzen. Die Produktion wird in der Form gestaltet, dass sie die natürliche und gesunde Lebensform auf der Welt unterstützt. Zweck dieser Unterstützung ist es, die «gesunde Ernährung», «das gesunde Wohnen» und die «gesunde Kleidung» sicherzustellen. Bei der Produktion aller Gebrauchsgegenstände wird auch darauf geachtet, dass sie gesundheitsfördernd sind. Es wird jede Art von Produktion vermieden, bei deren Herstellung keine natürlichen Stoffe verwendet werden.

Produktionsmethoden wie auch Verdienstmöglichkeiten, die mit der «neuen Lebensphilosophie» nicht vereinbar sind, werden nicht mehr verwendet. Andere Wirtschaftsmethoden außer der Produktion werden sich Schritt für Schritt minimieren.

Ein Geldverdienen, bei dem das Geld selbst als Kapital dient, wird Geschichte werden. Das Geld wird nicht mehr das Ziel sein, sondern nur als ein Hilfsmittel gesehen. Es wird nur als Hilfsmittel für die Organisation des Alltages benutzt. Die Banken werden nur durch den Staat betrieben. Bei Bedarf wird der «Weltstaat» seinen Bürgern zinslose Darlehen zur Verfügung stellen.

Der «Weltstaat» wird ein einheitliches «Währungssystem» einführen.

Der Erfolg bei der Produktion wird die Wirtschaft stärken; die gestärkte Wirtschaft wird den Wohlstand steigern, der gesteigerte Wohlstand wird eine sehr wichtige Kettendynamik hervorrufen, der die Weltrevolution zum Erfolg führt. Die innige Lebensfreude, die aus dem Kern dieser Kettendynamik entsteht, wird die Botschaft der wahren Freiheit aller Menschen sein.

Da dem Volk und dem «Weltstaat» dies bewusst sein wird, werden sie an der Entschlossenheit festhalten, durch das gesunde Wachsen im Bereich Wirtschaft die in politischen, sozialen, kulturellen und allen anderen Bereichen in Gang gebrachten Bereiche der Revolution zu unterstützen.

DIE FINANZIERUNG
DES GESELLSCHAFTLICHEN LEBENS

Dass die Errichtung eines menschenwürdigen Systems auf der Erde große Anstrengung und Verzicht erfordert, werden die einzelnen Mitglieder der großartigen Menschheit erkannt haben, bevor sie die Entscheidung darüber getroffen haben. Aus diesem Grund werden sie die Finanzierung des gesellschaftlichen Lebens während des Aufbaus des neuen Systems gerne und gemeinschaftlich schultern. Die Bürger werden einen Teil ihres Einkommens für ihren eigenen Lebensunterhalt ausgeben und den Rest als «Solidaritätsbeitrag» an den «Solidaritätsfond» übertragen.

Weil in dem neuen System alle, außer Kinder, Alte und Kranke, unter Berücksichtigung ihrer Arbeitsfähigkeit das Arbeiten gerne bevorzugen werden, wird der Ausbau des neuen Systems sowohl in fröhlicher Atmosphäre stattfindend als auch verbindend wirken. Die Menschen werden sich vor dem Arbeiten und vor der Anstrengung nicht scheuen.

Insbesondere die Gefühle und das Bewusstsein darüber, dass die konkreten Werke wie Häuser, Arbeitsplätze, Fabriken, Straßen, Brücken etc. nie mehr von außen durch Menschenhand zerstört werden, werden den Menschen einen glühenden Arbeitseifer und Arbeitsgenuss vermitteln.

Der gemeinsame Arbeitseinsatz für die schönen Zeiten wird dazu führen, dass jeder entsprechend seiner finanziellen Möglichkeit freiwillig und gerne den höchsten «Solidaritätsbeitrag» zu zahlen bereit ist. Der «Solidaritätsfond» wird die Kapazität haben, die Finanzierung der vorgenommenen gesellschaftlichen Aktivitäten zu decken.

Die Menschheit wird in einigen Jahren ein solches Wohlstandsniveau erreichen, dass die Welt lückenlos und sehr schön bebaut worden sein wird. Es wird in der Welt kein Kind mehr geben, das nicht zur Schule gehen kann. Es wird keinen Kranken mehr geben, der nicht zum Arzt gehen kann. Die natürlichen Lebensbedingungen mit dem neuen Verständnis werden gesunde, fröhliche Generationen hervorbringen. Die Mutter Natur, die endlich zu sich kommen konnte, wird überall in der Welt ein grünes Brautkleid anziehen. Durch Kultur, Kunst, Literatur, Musik etc. hervorgebrachte schöne Gefühle und Gedanken werden unter den Menschen geteilt. Diese werden sich im Laufe der Jahre neben der Erzielung ihrer Grundbedürfnisse zum Leben für den Schutz und die Verschönerung des Existierenden einsetzen.

Mit diesem Bewusstsein wird die Menschheit die Engpässe der Revolution in den ersten Jahren Hand in Hand mit Entschlossenheit und Fröhlichkeit überwinden.

PRIVATEIGENTUM

Privateigentum wird frei sein. Jeder wird ein Zuhause haben, in dem er sich glücklich fühlt. Jeder Mensch wird selbst entscheiden, was er haben will. Das Wohlbefinden des Einzelnen und der Gesellschaft wird das gemeinsame Ziel sein, das sich auf den gemeinsamen Verstand stützt. Für ein schönes, gesundes und glückliches Leben werden sowohl die Einzelnen als auch der «Weltstaat» Hand in Hand und intensiv arbeiten. Was sie nicht alleine schaffen, werden sie gemeinsam in fröhlicher Zusammenarbeit verwirklichen. Der «Weltstaat» wird für den Wohlstand, für die Ruhe und für die Sicherheit aller seiner

Bürger alle erdenkbaren förderlichen Maßnahmen treffen und gemeinsam mit dem Volk umsetzen.

Die Gier, immer mehr Geld zu besitzen; das Wettrennen, immer reicher und mächtiger werden zu wollen als der Nachbar, die Bekannten und alle anderen, wird von selbst verschwinden. Diese wird durch den Wunsch ersetzt, sich selbst zu sein, frei zu sein; menschlich und der Menschenwürde entsprechend miteinander zu leben. Jeder wird begriffen haben, dass diese Ziele besondere Schönheiten sind, die nur gemeinsam und Hand in Hand erreicht werden können.

Weil auf die persönlichen Unterschiede und die persönlichen Fähigkeiten besonders großen Wert gelegt wird, werden die Menschen keine Sorge mehr haben, ihren Kindern ein Erbe hinterlassen zu müssen. Denn, auch wenn die Kinder einer Familie die gleiche Weltanschauung wie ihre Eltern haben sollten, werden sie aufgrund der Erziehung und Bildung, die sie gezielt ihren Fähigkeiten entsprechend genossen haben, ihr Leben nicht auf die Wünsche und den Willen ihrer Eltern, sondern nach eigenen Vorstellungen gestalten.

Der Traditionalismus wird seinen Platz an die persönliche Freiheit verlieren. Dies wird der Indikator dessen sein, dass die einzelnen Bürger des «Weltstaates» zu kreativen, authentischen und freiheitlich eingestellten, aber fest miteinander verbundenen Menschen werden und sich die Weltgesellschaft zu einer vitalen und dynamischen Gesellschaft entwickeln wird. Die schöpferischen, authentischen und freiheitlich eingestellten Menschen werden ihr privates Leben, als ein Teil des gesellschaftlichen Lebens, nach eigenem Gutdünken gestalten.

WISSENSCHAFT UND FORSCHUNG

Der «Weltstaat» wird die Wissenschaft und Forschung hervorheben. Um ein gesundes Leben auf der Erde zu sichern und weiterzuentwickeln, den Wohlstand, die Freiheit und das Glück der Menschen zu erreichen, dafür zu sorgen, die Mutter Natur näher kennenzulernen und zu schützen, wird der «Weltstaat» entsprechend der «neuen Lebensphilosophie» die Wirtschaft und Forschung neu organisieren. Mit neuen Investitionen wird er diese Institutionen stärken.

Der «Weltstaat» wird die Infrastrukturen für Wissenschaft und Forschung schaffen, die Rahmenbedingungen für Erziehung und Bildung mit Genauigkeit organisieren. Die Wissenschaftler und Forscher wird er fördern und unterstützen.

TECHNIK UND TECHNOLOGIE

Der «Weltstaat» wird die Technik und Technologie so regeln, dass sie ausschließlich den natürlichen Bedürfnissen der Menschheit dienen. Er wird sie so gestalten, dass sie unterstützen, dass die Menschheit im sozialen Frieden und im Wohlstand lebt. Um die Produktivität und Erfolge in jedem Lebensbereich zu steigern, von den Infrastrukturen der Produktion, der Erziehung und Bildung, Wissenschaft, Kommunikation etc. beginnend, wird er großen Wert auf die Entwicklung der Technik und Technologie legen.

Der «Weltstaat» wird auch dafür sorgen, Technik und Technologie für alle Mitglieder der Gesellschaft erreichbar zu machen.

ENERGIE

Die alten Energieerzeugungsmethoden, die für das Leben schädlich waren oder das Leben teilweise oder ganz bedrohten, beispielsweise Atomenergie, werden gänzlich aufgegeben.

In der neuen Welt wird die Energie grundsätzlich aus natürlichen Quellen wie Sonnenenergie, Erdwärme oder Kühlung durch die Mutter Natur, Naturgas, Wind- und Wasserkraft etc. erzeugt. Die vorhandenen natürlichen Quellen werden optimiert, mit den neuen erweitert. Energieerzeugungsmethoden, die Umweltverschmutzung verursachen, werden nicht weiter genutzt.

Die Energieerzeugung wird durch die Hände des «Weltstaates» betrieben. Die Energie wird für alle Bereiche der Produktion und für den alltäglichen Gebrauch wie Heizen, Beleuchten sowie Verwendung elektrischer und elektronischer Geräte, ausgenommen jedoch der Treibstoff für Privatfahrzeuge, allen Menschen kostenlos zur Verfügung gestellt, weil die Energie als eine unverzichtbare Kraft bei der Lebensführung angesehen und aus den Quellen gezogen wird, die gemeinschaftlich von der Menschheit in Anspruch genommen werden können.

BODENSCHÄTZE

Die Bodenschätze sind, genauso wie die Schätze auf der Erdoberfläche, unbezahlbare Werte, die die Mutter Natur uns, allen Menschen, ohne eine Gegenleistung anbietet. Sie gehören weder einem einzigen Volk, noch einer Religionsgemeinschaft, noch einer Rassengruppe, noch einer Familie oder einer Person. Sie gehören niemandem, genauso wie die Wälder, Meere, Flüsse etc., die niemandem gehören können.

Die Bodenschätze werden durch den «Weltstaat» gefördert, bis zu den diversen Zentren der Regionalen Verwaltungseinheiten transportiert und den Völkern zur Nutzung angeboten. Private Betriebe können die halbverarbeiteten Produkte wie Eisen, Kupfer, Öl etc. weiterverarbeiten und auf dem Markt anbieten.

Während der Förderung und der Verarbeitung der Rohstoffe wird insbesondere darauf geachtet, dass die Mutter Natur nicht geschädigt, nicht verletzt, nicht zerstört und wie ein Augapfel geschützt wird. Dies wird unter den Gemeinschaftsregeln, die von allen Menschen eingehalten werden, einen wichtigen Platz einnehmen.

HANDEL UND TRANSPORT

Weil in der «neuen Weltordnung» das Arbeitsleben und der Lebensunterhalt grundsätzlich auf Produktion gestützt werden, findet der Handel in Form von Warentausch statt und wird sich auf Dauer selbst als Arbeitsbereich minimieren. Die notwendige Ein- und Verkaufsorganisation wird sowohl für die Käufer als auch für die Verkäufer optimiert.

Das eigentliche Ziel insoweit ist es, die Zahl der Vermittler zwischen Produzent und Verbraucher des Produktes zu mindern und das Leben, das auf Handel basiert, Schritt für Schritt auf Produktion umzustellen.

Um dem Ziel gerecht zu werden und den kostspieligen Transport von einem Ende der Welt zum anderen, der dem natürlichen Leben schädlich sein kann, zu minimieren, ja sogar zu stoppen, dienen Produkte aller Art, die in einer Region angebaut oder hergestellt werden, so weit wie möglich der Erfüllung der Bedürfnisse vor Ort.

Die lokalen natürlichen Ressourcen und Produktionsmöglichkeiten in allen Regionen der Welt werden aktiviert, gefördert und ausgebaut. Die Bürger jeder Region werden die vorhandenen Ressourcen dieser Region in maximale Höhe nutzen und keine Produkte aus den fernen Regionen der Welt kaufen, solange dies nicht notwendig ist. Aus diesem Grund wird der Fernstreckentransport von selbst abnehmen.

Beim Transportsektor wird grundsätzlich die Gesundheit der Umwelt in den Vordergrund gestellt; Energieverbrauch und Treibstoffkosten werden minimiert. Um das zu verwirklichen, werden die nötigen Maßnahmen gemeinsam von Volk und Staat getroffen.

STRASSENVERKEHR UND KOMMUNIKATION

Der «Weltstaat» wird alle nötigen Regelungen treffen, um sicherzustellen, dass der Straßenverkehr allen Perspektiven der «neuen Lebensphilosophie» gerecht wird. Er wird die ganze Erdoberfläche mit einem Straßennetz versehen, das die Grundrahmenbedingung des Gemeinschaftsstraßenverkehrs darstellt. Den Straßenverkehr wird er, insbesondere für manche abgelegenen Gegenden der Welt, aus der gegenwärtigen Problemsituation hinausführen und auch die kleinsten Dörfer dem Straßennetz anschließen.

Den Verkehr wird er auf dem Land, in der Luft und auf den Gewässern nach dem neuen Verständnis gestalten. Auch in den Städten wird er den Gemeinschaftsverkehr und Eisenbahnverkehr weiterentwickeln. Der Straßenverkehr in den Großstädten wird unterirdisch organisiert.

Den Schutz der Mutter Natur wird sowohl der «Weltstaat» als auch das Volk als einen Grundsatz verfolgen. Während einerseits der Schutz der Grundlebensbedingungen in den Vordergrund gestellt wird, wird auf der anderen Seite darauf geachtet, den Energieverbrauch zu minimieren. In einer solch empfindsamen Lebensform werden die Wünsche und Bedürfnisse der Bürger nicht außer Acht gelassen. Der «Weltstaat» wird alle nötigen Regelungen treffen, dafür zu sorgen, dass alle seine Bürger frei und einfach ihre Reiseziele erreichen.

Kommunikation und Informationstransport wird durch den «Weltstaat» so organisiert, dass die Kommunikation ohne Hürden und ohne Pannen stattfinden kann und alle Bürger problemlos und kostenfrei dieses Angebot in Anspruch nehmen können.

NATURKATASTROPHEN

Die Bürger des «Weltstaates» werden ganz ohne Zweifel begriffen haben, dass unsere Erde als ein Planet der Sonne ein Teil einer größeren Ganzheit ist und sich entsprechend den Regeln der dialektischen Veränderung in einem dauerhaften Veränderungsprozess befindet.

Die Menschen werden die natürlichen Vorgänge in der Erde, auf der Erdoberfläche und in der Atmosphäre, die sie umhüllt, wie Erdbeben, Vulkanausbrüche, Dürre, Niederschläge, Stürme, Wirbelstürme etc. als Geschehnisse wahrnehmen, die als natürlicher Teil eines Ganzen geschehen können.

Es wird ihnen bewusst sein, dass diese Naturwahrheiten von Menschenhand nicht zu stoppen sind, sie könnten das Leben auf unserer Erde beeinflussen und sich in Naturkatastrophen verwandeln.

Der «Weltstaat» wird seine ganze Kreativität und Möglichkeiten nutzen und in allen Regionen der Welt die nötigen Einrichtungen schaffen, um zu verhindern, dass das Leben auf der Erde beeinträchtigt wird, insbesondere möglichst keine Personenschäden entstehen, eventuelle Schmerzsituationen gelindert werden, die entstandenen Wunden schnell geheilt und Sachschäden rasch behoben werden.

Diese Einrichtungen, die neben der Bezeichnung einer Region «Naturkatastrophen» genannt werden, werden sowohl mit Personal als auch technischer Ausrüstung zweckmäßig ausgestattet. Genauso wie bei der Feuerwehr oder bei den Gesundheitszentren die «Erste Hilfe»-Organisation, werden sie einsatzbereit auf eine Nachricht warten, die sie jederzeit erreichen könnte.

Der «Weltstaat» wird neben der Einrichtung «Naturkatastrophen», die sich im Falle einer Naturkatastrophe in Bewegung setzt, weitere Einrichtungen gründen und ausstatten, die mit wissenschaftlichen Methoden an Früherkennung und rechtzeitiger Warnung arbeiten werden.

TIERSCHUTZ

In der «neuen Weltordnung» wird das Bewusstsein der Menschheit für die Tiere, die Teilnehmer des universellen Lebens zwischen den Pflanzen und Menschen sind, dazu führen, dass alle Menschen erkennen werden, dass das Tierleben als wichtig zu erachten und vor den Tieren Respekt zu haben unentbehrlich ist.

Dass die Wissenschaft und die Technologie sich von ihren eigentlichen Aufgaben entfernen und für Lebewesen entwürdigende Handlungen an Tieren durchführen wie z.B. Genversuche, wird von selbst verschwinden.

Tiere werden nicht mehr maßlos als Versuchsobjekte benutzt werden. Den barbarischen Jagdkampagnen und dem Abschlachten von Tieren, bei denen es oft nur um das Glied eines Tieres geht, die Haut, das Fell, ein Zahn etc., um sie für wirtschaftliche Zwecke zu verwenden, wird ein Ende gesetzt.

Auch auf die Gesundheit der Tiere wird in der erforderlichen Weise geachtet. In den regionalen Bildungseinrichtungen werden neue, auf wissenschaftlichen Grundlagen basierende Foren zur Tiergesundheit eingerichtet. In diesen werden tiefgründige Aktivitäten für das gesunde Leben der Tiere durchgeführt. Um ein besseres Zusammenleben von Tieren und Menschen zu garantieren, werden Forschungsprogramme organisiert. Die Forschungsergebnisse werden allen Mitgliedern der Menschheit zugängig gemacht.

Es werden «Tier-Gesundheitszentren» eingerichtet. Diese werden sowohl mit dem nötigen Personal als auch der technisch-technologischen Ausrüstung ausgestattet. Tiere mit Gesundheitsproblemen werden in diesen Zentren mit gleicher Sorgfalt behandelt wie die Menschen in den für sie eingerichteten Gesundheitseinrichtungen.

ERZIEHUNG UND BILDUNG

Der «Weltstaat» wird in jedem Dorf und in jeder Stadt eine genügende Anzahl von Schulen bauen.

Die Erziehung und Bildung wird auf die neue Erziehungs- und Bildungsphilosophie gestützt, die unter den Werten der «neuen Lebensphilosophie» einen besonderen Platz einnimmt. Die Erziehung und Bildung wird dem Volk vom «Weltstaat» kostenfrei angeboten. So wird zunächst sichergestellt, dass es auf der Welt kein Kind mehr geben wird, das keine Schule besuchen kann.

Die öffentliche Schulpflicht wird bis zum Ende des 18. Lebensjahres dauern. Anschließend wird die Zeit der Berufsausbildung beginnen. Die Jugendlichen werden ihre Lernzeit mindestens drei Jahre lang für eine Berufsausbildung und sechs Jahre für eine hochschulische Bildung fortsetzen. Danach werden Wege für diejenigen offen gehalten werden, die sich in ihren Bereichen spezialisieren möchten.

Auf die Erwachsenenbildung wird besonders großen Wert gelegt. Als ein Teil der großen Mobilisation werden die nötigen Rahmenbedingungen rasch und weltweit ausgebaut, damit alle Erwachsenen in ihrer Freizeit sich weiterbilden und sich weiterentwickeln können.

Im Rahmen der Erwachsenenbildung werden neben den kulturellen Veranstaltungen mit Kunst, Literatur, Musik etc. auch Sonderprogramme angeboten wie «Vergangenheitsbewältigung», «Übergangszeit in die neue Weltordnung», «Eine menschenwürdige Lebensform und ihre Nachhaltigkeit».

In der Erwachsenenbildung werden die Erwachsenen selbst überall aktiv werden, Veranstaltungen planen und der Bevölkerung anbieten.

SPRACHE UND KULTUR

«Die Sprache ist der goldene Schlüssel des Tores einer Kultur». Für den «Weltstaat» wird es sehr wichtig sein, dass seine Bürger ihre eigenen kulturellen Werte unbegrenzt leben und sie weiterleben lassen. «Die Andersartigkeiten sind die Natürlichkeit!» «Der Gemeinschaftssinn, der sich auf Andersartigkeiten stützt, ist die Quelle des sozialen Reichtums!» Dieses Verständnis wird die Grundlage des interkulturellen Lebens in der Welt sein. Das «Gleichwertigkeitsprinzip» wird sich zum gemeinsamen Verständnis entwickeln und nicht nur zwischen den Menschen, sondern auch zwischen den Kulturen seine Lebendigkeit fortsetzen.

Natürlich werden die Menschen selbst ihre eigenen kulturellen Werte im Licht ihrer «neuen gesellschaftlichen Lebensphilosophie» neu sortieren. Sie werden die Chance und Freiheit haben, die schönen ethischen Werte von anderen Kulturkreisen zu erlernen und sie mit eigenen Werten zusammenzufügen, zu mischen und daraus eine Synthese zu bilden. Von außen wird keiner sich in die freie Auswertung und Entscheidung des Menschen einmischen. Niemand wird jemals die Werte anderer Kulturen wertloser oder wertvoller als die Werte der eigenen Kulturen sehen.

Der «Weltstaat» wird immer bemüht sein, dass die humanen Werte aller in der Welt existierenden Kulturen gedeihen und grünen, dass sie gelebt und geteilt werden.

Alle in der Welt existierenden Sprachen werden in Zusammenarbeit von Bürgern und «Weltstaat» erhalten und gepflegt. Alle Menschen werden neben ihrer «Muttersprache» die gemeinsame «Weltsprache» erlernen, die sie alle zusammen nach dem gemeinsamen neuen Verständnis festlegen. Darüber hinaus wird der «Weltstaat» seine Bürger ständig ermuntern und ermutigen, möglichst viele Sprachen zu lernen und er wird die nötigen Rahmenbedingungen schaffen und seinen Bürgern zur Verfügung stellen.

KUNST- UND KULTURLEBEN

Kunst und Kulturleben sind die Hauptquelle der Ideen-, Gedanken- und Kreativitätswelt. Das ist die Hauptquelle des Lichtes. Das ist der fruchtbare Boden der Zivilisation, des sozialen Friedens, der Liebe und der Freundschaft.

Aus dem Grund wird der «Weltstaat» sehr darauf bedacht sein, die innere Welt der Menschheit richtig zu ernähren, um ein natürliches, ethisches, nachhaltiges Gemeinschaftsleben in der Welt zu schaffen und ein gesundes und glückliches Leben zu sichern.

Er wir den Schwerpunkt setzen, die Lebensfreude seiner Bürger zu steigern und zu stärken. Um dies zu realisieren, wird er die wirkungsstärksten Maßnahmen treffen, um die künstlerischen und literarischen Fähigkeiten seiner Bürger zu entwickeln.

Bei der Errichtung der «neuen Weltordnung», die auf die «neue Lebensphilosophie» gestützt wird, werden alle Zweige der Kunst und Kultur eine besondere Rolle spielen. Die Kunstschaffenden werden ihre Gesamtkreativität mit wirkungsvollsten Methoden dafür verwenden, dass die Werte der «neuen Lebensphilosophie» von der ganzen Menschheit, bis zu den kleinsten Einzelheiten, so verinnerlicht werden, dass es keine Rückkehr zu den heutigen Zuständen mehr geben kann.

MEDIEN

Die Rolle und der Verdienst der Medien beim Wurzelschlagen der «neuen Lebensphilosophie» und der «neuen Weltordnung» werden wichtig und groß sein.

Das gesunde Funktionieren des sozialen Miteinanderlebens wird einerseits bei der Entstehung und Verwendung des «gemeinsamen Verantwortungsbewusstseins», des «gemeinsamen Verstandes» und des «gemeinsamen Gewissens» ein bedeutender Bestimmungsfaktor sein, andererseits wird das gesunde Funktionieren des sozialen Miteinanderlebens von diesen genannten drei Faktoren stark beeinflusst und bestimmt werden.

Der «Weltstaat» wird alle Hürden vor den Medien nehmen, um eine gemeinsame und gesunde Weltöffentlichkeit zu schaffen, die im Einklang mit der Mutter Natur lebt, die Mutter Natur achtet, die die Menschenwürde im Vordergrund sieht, die gerne teilt und umarmt. Die Massenmedien werden völlig frei sein! Die Zensur wird abgeschafft.

Sowohl die Druck- als auch die Print- und die Digitalmedien werden für alle Bürger des «Weltstaates» so eingerichtet, als wären sie eine für alle offene Erziehungs- und Bildungseinrichtung. So wird auf der Erde ein Forum geschaffen, in dem sich jeder mit jedem treffen, umarmen und mitteilen kann.

Die neuen Erfahrungen und Experimente, alle denkbaren Schönheiten, werden genutzt und geteilt, die Kreativität und die Freiheit werden in hohem Maße genossen.

Die Medien werden auf der Grundlage der Entwicklungspsychologie besondere erzieherisch wirksame Programme für Kinder anbieten.

In der Erwachsenenbildung werden sie die Themen wie z.B. «Vergangenheitsbewältigung», «Übergangszeit in die neue Weltordnung», «Eine menschenwürdige Lebensform und ihre Nachhaltigkeit» in allen Bereichen und in allen Varianten mit besten Methoden, auch z.B. mit humoristischen Methoden, behandeln, um die Menschen auf dem zum Blühen beginnenden Weg des neuen Gesellschaftssystems mit Erfolg und gerne zu begleiten.

GESUNDES LEBEN

Der «Weltstaat» wird das Thema «Gesundes Leben» in den Lehrplänen aller Schularten fest verankern, um ein nachhaltiges gesundes Leben für alle Bürger in der Welt zu erreichen.

Für die Gesundheit des Volkes wird er unter Berücksichtigung der regionalen Besonderheiten, zuerst in den unterentwickelten Wohngebieten, «Zentren für gesundes Leben» einrichten. So werden die heutigen Krankenhäuser in «Gesundheitshäuser» verwandelt. Die Bürger, die unter Gesundheitsproblemen leiden, werden behandelt und es wird alles dafür getan, dass sie wieder gesund werden.

«Die Zentren für gesundes Leben»" werden sich nicht nur mit der Behandlung der Kranken beschäftigen. Gleichzeitig werden sie zum Thema «Gesundes Leben» praktische Anwendungen anbieten, um das Bewusstsein der Bürger zu steigern.

In die Angebote werden verschiedene sportliche Aktivitäten und für die innere Welt der Menschen Ruhe, Gemütlichkeit sowie ansprechende und stimmungsfördernde Beschäftigungen wie Kunst, Musik etc. aufgenommen.

Um die persönliche Entfaltung der einzelnen Menschen zu sichern, werden sie Fördermaßnahmen, z.B. zur Steigerung der Lebensfreude, zur Vorbereitung des Bodens, sich selbst besser kennenzulernen, zur Stärkung des Selbstvertrauens etc. treffen.

Der «Weltstaat» wird durch die Vorbeugungsmaßnamen viele Gesundheitsprobleme schon im Keim ersticken, indem er ein hohes Bewusstsein seiner Bürger für wichtige Themen wie die gesunde Ernährung, die gesunde Kleidung, das gesundes Schlafen sichert. Parallel dazu wird er allen seinen Bürgern bei Früherkennung und Behandlung von Krankheiten intensive Beratungs- und Betreuungsdienste anbieten. Alle Dienste zum gesunden Leben werden kostenfrei sein und allen Menschen zur Verfügung stehen.

DAS GEMEINSAME SOZIALLEBEN

Alle Menschen, die aufgrund der besonderen persönlichen Gründe die Unterstützung der Gesellschaft benötigen, ohne dass ein einziger außer Acht gelassen wird, werden gerne und wohlwollend unterstützt. Menschen in dieser Situation werden sowohl von den einzelnen Mitgliedern der Gesellschaft als auch vom Staat zu einem gesunden miteinander Leben ermutigt. So werden diese Menschen als natürliche Mitglieder des gesellschaftlichen Lebens vor Ort ihre Wurzeln schlagen.

Das Verständnis, dass die Andersartigkeiten den Reichtum bilden und das Prinzip, dass die Einzelnen ein Leben entsprechend ihrer persönlichen Fähigkeiten und Kompetenzen führen, wird zu einem natürlichen und engen Zusammenhalt und einem Zusammenwachsen der Menschen führen. Kein Mensch wird aus irgendeinem Grund von anderen getrennt; kein Mensch wird aus irgendeinem Grund ausgeschlossen. Jeder Einzelne wird ein fester Bestandteil der Familie, des Dorfes, der Stadt, des Parlamentes etc. sein.

Es wird angeregt, dass die alten und behinderten Menschen zusammen in und mit ihren eigenen Familien leben. In solchen Fällen wird der «Weltstaat» die Familien finanziell unterstützen. Für andere Fälle wird der Staat, beginnend in den kleinsten Dörfern, die ganze Welt mit einem sozialen Netz versehen, das allen Menschen ein Leben in einer menschenwürdigen Qualität ermöglicht.

FAMILIENLEBEN

Die Familiengemeinschaft wird ihren Mitgliedern die Atmosphäre bieten, dass alle, insbesondere Kinder, Behinderte und Alte, eine pure Liebe ohne Erwartung, die Ruhe und das Glück in wärmstem Grade erleben.

Einem gesunden Familienleben wird als Lern- und Lebensraum im Hinblick auf das Erlernen der natürlichen menschlichen Werte und das Erleben der ersten praktischen Anwendungen große Bedeutung beigemessen, die eine besondere Rolle für das soziale Miteinander spielt. Das Familienleben wird nicht auf das Heiraten der Paare vor den öffentlichen Ämtern im klassischen Sinne gestützt.

Die Gründung einer Familie wird absolut auf die persönliche Freiheit und die Bevorzugung der Paare gestützt. Der «Weltstaat» wird zum Thema Familienleben keine bestimmende Rolle übernehmen. Um zu sichern, dass das Prinzip die «Gleichwertigkeit» unter den Menschen nichts von seiner Kraft verliert, wird auf das Maß der engen und warmen Beziehung unter den Familien geachtet.

Man wird sich darum bemühen, dass die feinen Kontakte in der Familie, die elementaren Lebenswerte wie gegenseitige Achtung, Liebe und Vertrauen nach außen in das gesellschaftliche Leben getragen werden.

Bei der Wahl der Partner werden Frauen und Männer absolut frei entscheiden. Die Entscheidung über die Beendigung der Partnerschaften, deren Fortsetzung unmöglich und unerträglich geworden ist, wenn das auch nur einen der Partner betrifft, wird nur durch die Partner selbst getroffen, die Einmischung einer dritten Person oder des Staates ist nicht gestattet.

Wenn daran gedacht wird, dass alle Menschen im neuen «Weltstaat» die Werte der «neuen Lebensphilosophie» gerne verinnerlicht haben, wird es sehr leicht abzuschätzen sein, dass «die ähnlichen Zellen» in bestimmten Organen der Gesellschaft an den nahe zueinander liegenden Stellen ihren Platz einnehmen.

Als Folge dessen wird es für die Typen, die entsprechend ihrer persönlichen Eigenschaften und Fähigkeiten einander ähneln und zusammenpassen, einfacher sein, sich zu begegnen und kennenzulernen. Deshalb wird für sie die Entscheidung für ein gemeinsames Leben sowohl viel leichter als auch viel trefflicher sein. Dieser Entschluss wird gleichzeitig gesünder und nachhaltiger sein als in der Vergangenheit.

SEXUALITÄT UND SEXUALLEBEN

Das Sexualleben ist ein untrennbarer und natürlicher Bestandteil des Lebens aller Lebewesen. Und die Sexualität ist ein unverzichtbares Bedürfnis, ein Grundbedürfnis eines jeden Menschen, genauso wie das Essen, Trinken, Ein- und Ausatmen und Schlafen. Die Sexualität hat eine viel weitere Funktion in einem gesunden Menschenleben, weiter als nur Fortpflanzung und Fruchtbarkeit.

Dass die Sexualität in dem bestehenden System aufgrund vieler Ursachen wie Verwilderung, Unterdrückung und Tabuisierung des Sexuallebens nicht so gelebt werden kann, wie es sein sollte, verursacht im Menschenleben Zustände, deren Wiedergutmachung und Heilung unmöglich sind. Die sexuellen Missbräuche sind ein Beispiel für diese Zustände.

Das heutige System legitimiert nicht nur, mit der Gier, nach sexuellem Missbrauch Geld zu verdienen und reich zu werden, es verursacht auch, dass die Menschenwürde unermesslich verwundet wird, indem es seine Augen vor Menschenhandel und Sexsklaverei verschließt.

Durch das auf die «neue Lebensphilosophie» gestützte Erziehung und Bildung wird das natürliche Sexualleben von allen seinen Ketten befreit und mit seiner Freiheit vereint.

Genauso wie die Menschen ihre menschlichen Bedürfnisse wie Hunger, Durst, Schlaf, ohne sich zu schämen, zum Ausdruck bringen und stillen, werden sie sich nicht genieren, dieses Bedürfnis kundzutun und zu stillen, wenn sie ein sexuelles Bedürfnis haben.

Diese Haltung von Einzelnen, von der Gesellschaft, die aus diesen Einzelnen besteht, wird auf keinster Weise befremdet, es wird kein Thema sein, sich über jemanden lustig zu machen; ganz im Gegenteil, es wird in keinster Weise infrage zu stellen sein, gerne angenommen und gelebt.

Weil der von der «neuen Lebensphilosophie» vorgesehene «gemeinsame Verstand» genau bei solchen sensiblen Themen ganz ohne Probleme vergesellschaftet wird, werden die Einzelnen ihre Entscheidung für die Seite der Natürlichkeit treffen.

Der «Weltstaat» wird mit genauso einer Entschiedenheit sicherstellen, dass seine Bürger ihre Sexualität und das Sexualleben ganz frei leben können, wie er dafür sorgt, dass die anderen Grundbedürfnisse seiner Bürger auf eine gesunde Weise zu erfüllen sind.
Mit diesem Verständnis wird die Sexualerziehung sowohl in der Familie als auch in der Schule an seinem natürlichen Platz verankert.

RELIGIÖSER GLAUBEN, SITTEN UND GEBRÄUCHE

Der «Weltstaat» wird sich in die voneinander zu unterscheidenden persönlichen Lebensformen und religiösen Glauben in keinster Weise einmischen. Alle werden ohne irgendwelche Barrieren im Rahmen ihrer persönlichen Einstellungen ihre religiösen Verpflichtungen erfüllen können.

Die Freiheiten in religiösen, kulturellen und traditionellen Werten werden im Rahmen der Werte der «neuen Lebensphilosophie», die von dem «Weltstaat» verfolgt wird, wahrgenommen.

Keiner wird seinen eigenen Glauben besser oder schlechter, seine eigene Religion, höher oder tiefer als die eines anderen sehen. Keiner wird versuchen, seinen eigenen Glauben, seine eigene religiöse Weltanschauung, den anderen mit Gewalt zu diktieren. Somit wird die Methode, durch den Missbrauch der religiösen Werte Menschen auszubeuten, verschwinden.

Auch diejenigen, die keiner Religion angehören, werden die gleichen Freiheiten genießen.
Wie die religiösen Glaubensrichtungen werden auch die Sitten und Gebräuche nicht unterschiedlich bewertet. Jeder wird jeden in der Werteganzheit sehen. Unterschiedliche Sitten und Gebräuche mit unterschiedlichen Eigenschaften werden gleichwertig angesehen; nicht als weniger oder mehrwertig kategorisiert. Alle Art von Sitten und Gebräuche werden geachtet.

DIE GRÜNDUNG DES WELTSTAATES

Wie wird der Weltstaat gegründet

In allen Nationalstaaten der Welt werden die Bürger im Verhältnis ihrer Einwohnerzahl Vertreter wählen. Die gewählten Vertreter werden in einer Stadt zusammentreffen, die wegen ihrer Erreichbarkeit und ihren Arbeitsbedingungen bestens geeignet ist, um ihre Dienste an den Gründungsvorbereitungen des «Weltstaates» aufzunehmen. Diese Versammlung wird die Aufgabe des «Gründungsparlaments» erfüllen.

GRÜNDUNGSPARLAMENTES

Das Gründungsparlament wird über alles Überlegungen anstellen, bis zu letzten Einzelheiten, was die Gründung des «Weltstaates» anbetrifft, alles planen und alle denkbaren Vorbereitungen treffen.

Als erstes wird das «Gründungsparlament» für sich einen Arbeitsplan erstellen, in dem verdeutlicht wird was, wie, wann und von wem etwas erledigt wird. Um diese Tätigkeiten rasch und gesund voranzutreiben, wird es nach den Prinzipien der Kompetenzen und Interessen der Vertreter Arbeitsgruppen bilden.

In den Arbeitsgruppen werden alle bedeutenden Themen zur Sprache gebracht, die für die Gründung des «Weltstaates» relevant sind. Beispielsweise werden Themen wie die «Neue Lebensphilosophie», auf die das neue System gestützt wird, die «Welt-Grundlebensregeln», die die Zentralkraft für die Gestaltung des gemeinsamen und glücklichen Lebens der Menschheit bedeuten und die eine Regelganzheit darstellen wird, die «Strukturen des Weltstaates», die allgemeine Mobilisation «Eine Welt für alle» und die «Schwierigkeiten in der Übergangszeit zum neuen System» die Schwerpunktthemen der Vorbereitungsaktivitäten sein.

Jede Arbeitsgruppe wird die Themen, die in ihren Tätigkeitsbereich fallen, zunächst inhaltlich gestalten und dann zu deren Umsetzungsmethoden Überlegungen anstellen.

Die Ergebnisse der Vorbereitungstätigkeiten der Arbeitsgruppen werden in Plenum des «Gründungsparlamentes» debattiert und auf den endgültigen Stand gesetzt, um sie mit Leben füllen zu können.

Während das «Gründungsparlament» alle Vorbereitungen für die Errichtung der «neuen Weltordnung» trifft, legt es auch die Methoden und Vorgehensweisen fest, die bei den Vermittlungs- und Vorstellungsaktivitäten der Themen angewandt werden.

Am Ende der Vorbereitungsphase wird das «Gründungsparlament» die bestehenden Regierungen aller Staaten der heutigen Welt zu einer «Aufklärungskampagne» aufrufen, um die Weltbevölkerung über die Gründung des «Weltstaates» zu informieren, was er nach seiner Gründung für die Menschheit und Mutter Natur tun und wie er alles organisieren wird.

AUFKLÄRUNGSKAMPANGNE

Die Regierungen aller Nationalstaaten der Welt werden dem Aufruf des «Gründungsparlamentes» folgen und eine fundierte «Aufklärungskampagne» in ihren Staaten starten. Sie werden anfangen, ihren Beitrag mit einer großen Sorgfalt zu leisten. Um ihre Bürger bestens aufzuklären, werden sie alles, was nötig ist, mit einem großen Spaß und einer großen Freude vorantreiben.

Die «Aufklärungskampagne» wird in jedem Land mit der Beteiligung der Bürger geführt. Die Teilnahme der Völker an der Gründung des «Weltstaates» wird eine große Begeisterung in der Weltbevölkerung hervorrufen. In einer festlichen Atmosphäre, werden die Menschen sich mit ihren Regierenden für eine gesunde Aufklärung organisieren. Einerseits werden sie versuchen, die neuen Informationen, die ihnen vermittelt werden, zu verstehen und zu verinnerlichen, andererseits werden sie für alle ihre erdenklichen Fragen Antworten finden. Ihre möglichen Bedenken und Sorgen werden ihnen genommen, indem man sie mit konkreten Beispielen aus dem konkreten Leben aufklärt.

Am Ende der in einem befristeten Zeitraum geführten «Aufklärungskampagne» wird die Meinung der Weltbevölkerung zur geplanten «neuen Weltordnung» eingeholt. Mit diesem Ziel wird in der ganzen Welt eine Volksabstimmung durchgeführt; das Thema der Abstimmung wird sein: «Welt-Grundlebensregeln», also das Grundgesetz des neuen «Weltstaates».

WELT-VOLKSVERTRETERPARLAMENT

Das «Gründungsparlament» wird die weltweit geführte «Aufklärungskampagne» und die Ergebnisse der Volksabstimmung zum Thema «Welt-Grundlebensregeln» auswerten. Die Ergebnisse der Auswertung wird es als einen kurzen aber bedeutenden Bericht zusammenfassen. Das «Gründungsparlament» wird diesen Bericht als Anlage zu der Einladung an alle Staatspräsidenten schicken. Was wird diese Einladung beinhalten? Der Inhalt dieser Einladung wird ein «Aufruf» sein. Das «Gründungsparlament» wird alle Staatspräsidenten und dadurch auch die ganze Menschheit aufrufen, ein «Welt-Volksvertreterparlament» zu gründen.

Aufgrund dieses «Aufrufes» werden die Bürger der heutigen Staaten ihre Vertreter wählen, die sie im «Welt-Volksvertreterparlament» vertreten sollen.

Die gewählten Vertreter werden sich im Zentrum der «Gründungsversammlung» zusammenfinden und das erste «Welt-Volksvertreterparlament» bilden. Das «Welt-Volksvertreterparlament» wird als Allererstes eine Geschäftsordnung vorbereiten und verabschieden. Anschließend wird es die «Welt-Grundlebensregeln», die von der Weltbevölkerung eine breite Zustimmung erfahren haben, redaktionell ausfeilen und verabschieden. Somit wird die Menschheit die ersten und voll universellen «Welt-Grundlebensregeln», also endlich das erste lang ersehnte universelle «Welt-Grundgesetz» erlangt haben.

DER ERSTE WELTSTAAT

Mit der Verabschiedung der «Welt-Grundlebensregeln», die durch das «Welt-Volksvertreterparlament» verabschiedet werden, wird der erste «Weltstaat» offiziell gegründet sein. Nach der Vervollständigung seiner Gründung wird sich der «Weltstaat» einen Sitz, also eine Hauptstadt, in einem Land suchen, in dem die schwierigsten Lebensbedingungen herrschen. Er wird seine Strukturen weltweit zum Abschluss bringen und sich dem Dienst der Menschheit verschreiben und seine Arbeit aufnehmen.

Der «Weltstaat» wird als erstes eine allgemeine Mobilisation «Eine Welt für alle!» starten. Das erste Großprojekt in dieser Mobilisation wird sein: «Ende des Wahnsinns!» «Ende des Wahnsinns!»

So wird die Menschheit durch die Hände des «Weltstaates», den er selbst gegründet hat, endlich allen «Wahnsinn» beenden, den er selbst seit tausenden Jahren betrieben hat! Alle «Brände» wird er löschen, die er angezündet hat! Alle «Trümmer» wird er rasch entsorgen! Alle «Wunden» wird er schnell heilen! Alle «Hungrigen» wird er gleich sättigen! Alle «Nackten» wird er schleunigst kleiden! Die Mutter Natur wird er in einen wunderschönen Gemeinschaftsgarten der Menschheit verwandeln! Die Rosen in diesem schönen Garten werden nie mehr verwelken! In den Flüssen, Seen und Meeren werden die Fische nie mehr sterben! Niemand wird mehr beleidigt! Die Väter werden nie mehr töten und nie mehr getötet werden! Die Mütter und die Kinder werden nie mehr weinen! Die große Menschheit wird nur noch lächeln! Lachen werden können die Babys! Die wahre Menschlichkeit wird die Welt beherrschen! Frieden! Der Frieden wird verewigt! Die Freundschaft wird zur wahren Wirklichkeit! In allen Ecken der Welt wird das Glück sprießen und gedeihen! Ein menschenwürdiges Leben wird beginnen! «Ein menschliches Leben!» «Ein menschenwürdiges Leben für alle!» «Ein menschliches Leben überall!» «Ein menschliches Leben für immer!»

AUFRUF

Meine Geschwister! Das Leben ist schön! Das Leben ist ein Hauch! Das Leben ist ein Schluck Wasser! Ein bisschen Brot! Ein lächelndes Gesicht! Ein paar freundliche Worte! Ein Gruß aus der Ferne! Ein lächelnder Fremder! Spielende Kinder! Eine Großmutter, die ihre Erinnerung erzählt! Eine Taube, die sich gerade auf eine Fensterbank setzt! Die Nachtigall auf dem Ast! Der Fisch im klaren Wasser! Funkelnde Sterne am blauen Himmel! Das Leben ist ein herzliches Lied! Und so weiter!

Aber! Manche von uns haben sich vom Menschsein entfernt! Manche flüchten vor sich selbst! Manche haben ihre Schäfchen im Trocken, genießen das Leben! Manche sind beschäftigt, unser Ende vorzubereiten! Manche haben die Waffe in der Hand, sterben erst tausendmal und töten noch Tausende! Manche starren auf das halbe Brot ihres armen Bruders! Manchen fällt das Feuer ins Haus! Sie müssen aus ihrem Nest mit Kind und Kegel flüchten! Manche müssen betteln mit gesenkten Köpfen, Straße für Straße! Manche müssen ihre Würde veräußern für eine Scheibe Brot! Mancher verkauft seine Frau, seinen Sohn, seine Tochter für das Gleiche!

Manche zerstören die Mutter Natur! Unser gemeinsames Zuhause!

Nein! Das geht nicht! Das kann nicht gehen! Nein! Das kann nicht so weitergehen!

Nein! Das geht nicht! Das dürfen wir nicht! Wir sind Menschen! Wir dürfen nicht im Wohlstand schwimmen, während ein Teil von uns vor Hunger stirbt! Nein! Das geht nicht! Das darf nicht sein! Wir sind Menschen! Wir dürfen den Armen nicht ausbeuten! Nicht missbrauchen! Wir können uns nicht verkaufen! Wir können unsere Würde nicht mit Füßen treten!

Meine Geschwister! Das Feuer ist groß! Wir sind Menschen! Wir dürfen nicht die Augen davor schließen! Wir dürfen nicht schweigen!

Nein! Wir dürfen nicht kränken! Wir dürfen nicht beleidigen! Wir dürfen nicht sterben! Wir können nicht töten! Nein! Nein! Wir können nicht sterben! Wir können nicht töten!

Wir sind Menschen! Wir sind unterschiedlich! Uns ist das bewusst! Wir haben keine Unterschiede, meine Geschwister! Wir sind gleich! Wir sind eins! Wir sind ein Ganzes!

Nein! Nein, meine Geschwister! Wir sind Menschen! Wir dürfen nicht den Ast abschneiden, auf dem wir sitzen!

Los, meine Geschwister! Lasst uns aufstehen! Aufstehen! Hand in Hand gehen! Lasst uns die Grenzen zwischen uns aufheben! Lasst uns unseren Weltstaat gründen!

Lasst uns dieses Feuer löschen! Lasst uns den Wahnsinn stoppen! Lasst uns die Schmerzen lindern! Genug! Keiner soll beleidigt werden! Niemand soll mehr sterben! Keiner soll verhungern! Niemand soll sterben! Niemand soll töten!

Aufhören! Die Tränen der Menschheit sollen versiegen! Die Babys sollen nicht auf ihre Väter warten, die nicht zurückkommen! Das Zuhause der Großmütter darf nicht in Brand gesteckt werden! Ruhig sollen die Großväter unter der Erde schlafen!

Meine Geschwister! Los! Lasst uns aufstehen! Aufstehen! Lasst uns die Waffen schmelzen! Lasst uns die Gefängnisse leerräumen! Lasst uns den Hunger aus unserer Welt vertreiben! Lasst uns Schulen bauen! Häuser bauen! Für jeden ein warmes Zuhause! Für jeden ein warmes Bett! Für jeden einen Teller warme Suppe!

Lasst uns aufstehen! Lasst und Hand in Hand gehen! Den Boden bepflanzen! Die Wüsten begrünen! Die Kirschblüten sollen den Bienen gehören! Apfelblüten! Granatapfelblüten! Die Spatzen sollen sich auf dem Quittenbaum freuen! Die Fische im Wasser sollen sich freuen! Die Kinder auf dem Schulweg sollen sich freuen!

Meine Geschwister! Ich rufe euch alle an! Alle! Ohne Ausnahme! Alle!

Los! Lasst uns aufstehen! Lasst uns Hand in Hand gehen! Lasst uns eine neue Welt gründen! Eine neue! Für uns alle!

Ich bin mir sicher! Wir sind stark! Wir werden das schaffen!

Die Luft wird uns allen gehören! Das Wasser wird uns allen gehören! Das Brot wird uns allen gehören, meine Geschwister! Ein Zuhause werden wir alle haben! Ich bin mir sicher! Alle Schönheiten werden uns allen gehören, meine Geschwister! Die Feste werden uns allen gehören! Die Zukunft wird uns allen gehören! Alles wird uns allen gehören, meine Geschwister! Das Firmament wird uns allen gehören! Die Sterne werden uns allen gehören! Ich bin mir sicher! Meine Geschwister! Die Sonne wird uns allen gehören! Die Sonne wird uns allen gehören! Die Sonne wird uns allen gehören!

Mehmet Kılıç

Mehmet Kılıç wurde im Jahr 1951 in der Nähe von Samsun in der Türkei geboren. Seit 1978 lebt er in Bad Kreuznach in Deutschland.

Er hat sein Leben dem Weltfrieden verschrieben. Um sein Ziel zu erreichen, bemüht er sich, sein Können in den Bereichen Literatur, Philosophie und Kunst zu nutzen.

Er schätzt das einzigartige Leben, alle hieran partizipierenden Lebewesen und insbesondere den Menschen, versucht Menschen auf die Gefahren aufmerksam zu machen, die dieses Leben bedrohen, um sie für den universellen Frieden zu sensibilisieren, und strebt an, ein menschenwürdiges Leben überall in der Welt für alle und für immer zu erreichen.